Mit Feuereifer und Herzenslust

WIE LUTHER UNSERE SPRACHE PRÄGTE

HARTMUT GÜNTHER

Mit Feuereifer und Herzenslust

WIE LUTHER UNSERE SPRACHE PRÄGTE

HARTMUT GÜNTHER

Dudenverlag
Berlin

Bibliografische Information der Deutschen Nationalbibliothek
Die Deutsche Nationalbibliothek verzeichnet diese Publikation in der Deutschen Nationalbibliografie; detaillierte bibliografische Daten sind im Internet über http://dnb.dnb.de abrufbar.

Es wurde größte Sorgfalt darauf verwendet, dass die in diesem Werk gemachten Angaben korrekt sind und dem derzeitigen Wissensstand entsprechen. Für dennoch wider Erwarten im Werk auftretende Fehler übernehmen Autor, Redaktion und Verlag keine Verantwortung und keine daraus folgende oder sonstige Haftung.

© Duden 2017   D C
Bibliographisches Institut GmbH, Mecklenburgische Straße 53, 14197 Berlin

Redaktion Juliane von Laffert
Herstellung Maike Häßler
Layout und Satz Dirk Brauns, Berlin
Umschlaggestaltung Groothuis, Hamburg
Umschlagabbildung © Fotolia / Erica Guilane-Nachez
Druck und Bindung Beltz Bad Langensalza GmbH,
Am Fliegerhorst 8, 99947 Bad Langensalza
Printed in Germany

ISBN 978-3-411-75427-4
www.duden.de

Dem Andenken meines Großvaters
Ernst Günther (1886–1966)

Pfarrer in Golzow (Brandenburg)

DAS WORT SIE SOLLEN LASSEN STAN

Das Wort sie sollen lassen stan

Martin Luthers Bibelübersetzung und die deutsche Sprache

Wir schreiben das Jahr 1522. Im sächsischen Universitätsstädtchen Wittenberg (knapp 2000 Einwohner, knapp 200 Studenten) erscheint ein Buch. Die Auflage von über 3000 Stück, wiewohl nicht gerade billig, ist binnen weniger Tage ausverkauft. Es ist das Neue Testament in deutscher Sprache, übersetzt von dem Mönch und Theologieprofessor Dr. Martin Luther.

Das ist, wie man heute sagen würde, ein Rekord. Rekordverdächtig ist auch die Zeit, in der es verfertigt worden war: elf Wochen Übersetzungszeit, dazu fünf Wochen Überarbeitungszeit für knapp 300 Druckseiten, Auslieferung der Druckexemplare am 22. September 1522 nur neun Monate nach dem Beginn der Übersetzungsarbeit.

Was war das Besondere daran, warum rissen sich die Menschen um dieses sogenannte Septemberevangelium?

Es war eine aufregende Zeit. 70 Jahre vorher hatte Gutenberg den Buchdruck mit beweglichen Lettern erfunden. 30 Jahre zuvor hatte Kolumbus Amerika entdeckt. Cortez vernichtete die aztekische Kultur und sandte unglaubliche Reichtümer nach Spanien. Die Türken rückten nach Europa vor, besetzten Rhodos. Papst, Kaiser, Könige und Fürsten in Europa standen in ständigen, auch kriegerischen Auseinandersetzungen. Die Fugger in Augsburg gründeten das erste Finanzimperium der neueren Geschichte. Die Bauern begannen, sich gegen den ständig wachsenden Druck ihrer Herren aufzulehnen. Städte wuchsen in bisher unbekannte Größen. Wandernde Propheten predigten den nahenden Weltuntergang.

Das Land, in dem dieses deutsche Buch erschien, war gleichwohl ein Land ohne gemeinsame Sprache: Es gab einen deutschen Kaiser, aber keine gemeinsame Sprache in seinem Reich. Wichtiges wurde lateinisch geschrieben, Geschäfte mündlich im jeweiligen Dialekt abgeschlossen. Was bisher diese Gesellschaft und auch die der anderen europäischen Länder zusammengehalten hatte, war der Glaube an Christus und seine Kirche. Dieser gründete sich auf die in der heiligen Sprache Latein geschriebene Bibel und ihre Auslegung, die sich in Jahrhunderten kirchlicher Lehre gebildet und gefestigt hatte. Zwar waren da und dort immer wieder Zweifel aufgekommen, ob die »offizielle« Lehre der Kirche mit ihrem Zentrum in Rom und dem Papst als Oberhaupt denn noch in Einklang stand mit der ursprünglichen Lehre Christi. Es war auch versucht worden, die Bibel in verschiedene Volkssprachen zu übersetzen. Diese Ansätze waren jedoch immer wieder abgewehrt worden. Die handelnden Personen wie zuletzt John Wyclif in England oder Jan Hus in Böhmen waren als Ketzer verurteilt worden.

Im Jahr 1517 hatte erneut der Mönch und Theologieprofessor Martin Luther in Wittenberg seinem Unwillen Luft gemacht, hatte die kirchliche Praxis der Sündenvergebung durch Geldzahlungen harsch kritisiert und später zu einer umfassenden Kritik der herrschenden Kirche ausgebaut. Seine zuerst lateinisch geschriebenen, eigentlich nur für den universitären Gebrauch bestimmten 95 Thesen gegen den Ablass wirkten wie eine Lunte an einem Pulverfass. Martin Luther wurde über Nacht berühmt und schließlich zum Begründer einer neuen Kirche. Von seiner Bibelübersetzung sollte es bei seinem Tod 29 Jahre später schon über 600 000 gedruckte Exemplare geben. Auf dem Titelblatt seiner ersten Übersetzung des Neuen Testamens stand noch nicht einmal sein Name. Dort hieß es ganz schlicht »Das newe Testament Deutzsch – Vuittemberg«.

Ein bewegtes Leben

Es gibt unzählige Luther-Biografien, auch aus neuester Zeit. In den folgenden Zeilen werden die wichtigsten Ereignisse im Leben des Reformators dargestellt, jedoch soll immer der Blick auf seine überragende Rolle bei der Entwicklung der deutschen Sprache gelenkt werden – ein Aspekt, der namentlich in neueren Biografien eher vernachlässigt wird.

Martin Luther wurde 1483 in Eisleben geboren, einem kleinen Ort im heutigen Sachsen-Anhalt in der Nähe von Halle. Ab 1490 besuchte er die Lateinschule im nahen Mansfeld, später in Magdeburg und Eisenach. 1501 schickte ihn sein Vater zum Studium nach Erfurt; der begabte Sohn sollte nach seinem Willen Jurist werden. Das obligatorische Vorstudium der sieben freien Künste schloss Luther 1505 mit dem Magister ab und begann danach mit dem Jurastudium.

Dieses Studium brach er aber schon im gleichen Jahr ab, nachdem er bei einem Blitzeinschlag in seiner unmittelbaren Nähe das Gelübde abgelegt hatte, Mönch zu werden. Er trat – sehr zum Ärger seines Vaters – in das Augustinerkloster in Erfurt ein und legte 1506 das Mönchsgelübde ab. 1507 wurde er zum Priester geweiht und begann im gleichen Jahr nach dem Wunsch des Ordens ein Theologiestudium, das er 1512 mit dem Doktorat abschloss. Sein Orden berief ihn danach als Professor an die Universität Wittenberg, wo er 1514 auch zum Prediger an der Stadtkirche ernannt wurde. Beide Ämter übte er bis zu seinem Tod aus.

Er hielt dort Vorlesungen über verschiedene biblische Schriften und erlangte bald Berühmtheit – Studenten aus ganz Deutschland strömten in die gerade erst gegründete Universität. Im Römerbrief fand Luther die für ihn wegweisende Einsicht, dass der Mensch allein durch den Glauben an die Gnade Gottes von seinem sündigen Dasein erlöst werden könne, dass er das nicht selbst durch ein frommes Leben und gute Werke erreichen könne. Luther selbst berichtete später, diese entscheidende Erkenntnis sei ihm in der Studierstube des Wittenberger Klosterturms gekommen. Sie befreite ihn von seiner Angst vor der Verdammnis durch den strafenden Gott – denn alle Menschen sind von Geburt an Sünder. Auch schloss er aus diesem Erlebnis, dass allein das Studium der Heiligen Schrift Klarheit über den Weg Gottes bringen könne, dass die Bibel die einzig maßgebliche Autorität in Glaubensdingen sei.

Eine in diesen Jahren ausufernde kirchliche Praxis lief Luthers Verständnis von Gottes Gnade völlig zuwider, der sogenannte Ablass. Dabei konnten die Gläubigen ihr Seelenheil nicht nur durch Buße, sondern auch durch den Kauf von Ablassbriefen erlangen. Besonders störte Luther der marktschreierische Dominikanermönch Johann Tetzel, der unter anderem verkündete, dass man durch den geeigneten Ablass auch die Seelen Verstorbener aus dem Fegefeuer retten könne. Später erinnerte sich Luther – sicherlich etwas übertreibend –, dass Tetzel über den Ablass auch gepredigt hatte, »er hätte solch eine Gnade und Gewalt vom Papst wenn einer gleich die heilige Jungfrau Maria, Gottes Mutter, geschwächt oder geschwängert hätte, so könnte ers vergeben, wenn derselbe in den Kasten lege, was sich gebühre« (»Wider Hans Worst«, 1541).

Luther hatte sich in Predigten schon vor 1517 wiederholt gegen den Ablasshandel ausgesprochen. Am 31. Oktober 1517 schrieb er schließlich einen Brief an mehrere Bischöfe, unter anderem an seinen direkten kirchlichen Vorgesetzten, den Erzbischof Albrecht von Mainz, der selbst den Ablasshandel in Luthers Umgebung initiiert hatte. Er fügte den Briefen 95 Thesen bei, die als Grundlage für eine Disputation zu diesem Thema dienen sollten. Disputationen waren universitäre (Streit-)Gespräche unter Theologen und anderen Wissenschaftlern, die auch öffentlich sein konnten. Mit einer Disputation über seine Thesen hoffte Luther, den Missstand des Ablasshandels beheben zu können.

E s ist wohl nachgewiesen, dass er diese Thesen, die lateinisch geschrieben waren, nicht mit lauten Hammerschlägen an die Tür der Schlosskirche zu Wittenberg nagelte, wie es die Legende erzählt und wie es die moderne Bronzetür mit den eingravierten Thesen suggeriert. In einem Interview hat die frühere Vorsitzende des Rates der Evangelischen Kirche, Margot Käsmann, Luther kürzlich als Medienstar seiner Zeit bezeichnet. Das ist vielleicht ein etwas schiefes Bild, hat aber einen sehr realen Kern. Luther nutzte die noch junge Kunst des Buchdrucks von Anfang an intensiv für seine Vorhaben aus. Auch die 95 Thesen gingen kurz nach ihrer ersten Veröffentlichung in Druck, auch auf Deutsch, und erreichten dadurch ein großes Publikum. Jedoch erfuhren sie ein durchaus geteiltes Echo. Einerseits gab es begeisterte Zustimmung vor allem aus vielen Kreisen der Universitäten, aber auch der Öffentlichkeit, andererseits Ablehnung aus vielen Teilen der Kirche. Die Bischöfe wiesen Luthers Orden an, mäßigend auf ihn einzuwirken. Einige seiner Reformvorschläge wurden aber auch von vielen Kritikern innerhalb der Kirche geteilt. Luther selbst hatte eine so starke Resonanz nicht erwartet und schrieb mehrfach, dass er mit seinen Thesen nur den Missstand des Ablasshandels hatte beseitigen wollen. Allerdings tat er das in der ihm eigenen kräftig pointierten Art und ohne ein Blatt vor den Mund zu nehmen. Deshalb wurde in Rom 1518 ein Ketzerprozess gegen ihn eröffnet. Mit einer päpstlichen Bulle vom 15. Juni 1520 wurde ihm der Kirchenbann angedroht, sofern er nicht sofort seine Lehren widerrufe. Als ihn die Bannbulle schließlich erreichte, verbrannte er sie öffentlich zusammen mit den Sammlungen der kirchlich verbindlichen Auslegung der Heiligen Schrift am 10. Dezember 1520 in Wittenberg. Denn in der Zwischenzeit hatte Luther seine Grundüberzeugungen weiter entwickelt und ausformuliert. Sie gingen nun über die Ablassfrage weit hinaus. 1521 wurden die drei Schriften »An den christlichen Adel deutscher Nation«, »Von der babylonischen Gefangenschaft der Kirche« und »Von der Freiheit eines Christenmenschen« gedruckt. Ihr Grundtenor war Luthers Überzeugung, dass nicht die in über 1000 Jahren gebildete kirchliche Lehrmeinung für den Christen bindend sei, auch nicht das Wort des Papstes, sondern allein die Heilige Schrift.

Daraufhin schleuderte der Papst am 3. Januar 1521 den Bannfluch über Luther. Das bedeutete, dass er nicht nur aus der kirchlichen Gemeinschaft ausgeschlossen war, sondern gleichzeitig die Reichsacht über ihn verhängt werden musste, das heißt, dass, wer immer ihn traf, ihn ausliefern musste oder auch töten konnte. Die Verhängung der Reichsacht wurde aber aufgeschoben, wofür vor allem Luthers Landesherr verantwortlich war. Der sächsische Kurfürst Friedrich der Weise, der bis zu seinem Tod katholisch blieb, unterstützte Luther aus politischen Gründen, die nur wenig mit dessen reformatorischen Vorstellungen zu tun hatten. Auf Initiative des Kurfürsten hin lud der junge Kaiser Karl V. Luther unter Zusicherung freien Geleits zur peinlichen Befragung zum Reichstag nach Worms. Auf dem Weg dorthin wurde Luther vielfach begeistert empfangen und predigte auch in verschiedenen Orten. In Worms erschien er zweimal vor dem Kaiser. Dort – wie auch in vorbereitenden Gesprächen mit dem Kardinal Cajetan – wurde von ihm verlangt, seine Lehren zurückzunehmen. Luther tat das nicht. Er entgegnete in seiner letzten Anhörung vor dem Kaiser, dass er nur dann widerrufen könne, wenn er »durch Zeugnisse der Schrift und klare Vernunftgründe überzeugt werde; denn weder dem Papst noch den Konzilien allein glaube ich, da es feststeht, dass sie öfter geirrt und sich selbst widersprochen haben, so bin ich durch die Stellen der heiligen Schrift, die ich angeführt habe, überwunden in meinem Gewissen und gefangen in dem Worte Gottes. Daher kann und will ich nichts widerrufen, weil wider das Gewissen etwas zu tun weder sicher noch heilsam ist. Gott helfe mir, Amen!« Die berühmten Worte »Hier stehe ich, ich kann nicht anders, Gott helfe mir, Amen« fielen so wahrscheinlich nicht.

Als Luther Worms verlassen hatte, verhängte der Kaiser über ihn die Reichsacht. Um ihn zu schützen, ließ Friedrich der Weise ihn auf der Rückreise entführen und am 4. Mai 1521 auf die Wartburg bei Eisenach bringen. Dort blieb Luther ein knappes Jahr. Er litt sehr unter dieser Verbannung ins »Reich der Vögel«. Im Dezember begann er, auch auf Drängen seiner Freunde hin, mit denen er in Korrespondenz stand, mit der Übersetzung des Neuen Testaments ins Deutsche, die er in elf Wochen vollendete. Weil die politische Lage und insbesondere das Wohlwollen seines Kurfürsten dies zuließen, kehrte er im Frühjahr 1522 nach Wittenberg zurück und überarbeitete seine Übersetzung zusammen mit dem Graecisten Philipp Melanchthon, der bis zu Luthers Tod sein Freund und engster Mitarbeiter blieb. Dieses sogenannte Septemberevangelium erschien am 22. September 1522 im Druck und fand sofort reißenden Absatz – die erste Auflage von über 3000 Stück war im Nu ausverkauft, trotz des relativ hohen Preises von einem halben Gulden (das entsprach dem Wochenlohn eines Handwerksgesellen). Später übersetzte Luther zusammen mit seinen Wittenberger Kollegen in einzelnen Teilen auch das Alte Testament. Die erste Gesamtausgabe seiner Bibelübersetzung erschien 1534, die letzte von ihm korrigierte Ausgabe 1545. Man schätzt, dass bis Luthers Tod weit über 600 000 Exemplare seiner Bibelübersetzung gedruckt worden waren, das heißt, dass in jedem dritten Haushalt in Deutschland ein Exemplar vorhanden war.

Am 13. Juni 1525 heiratete Luther, der sich längst nicht mehr als Mönch verstand, die entflohene Nonne Katharina von Bora. Sie führte fortan Luthers Haushalt. In diesem Haushalt lebten nicht nur seine Frau und später seine sechs Kinder, sondern auch Verwandte und ihre Kinder, außerdem Studenten, die in Wittenberg studierten. Bibelgemäß war es ein sehr gastfreies Haus (siehe *gastfrei*, Seite 71). Eine wichtige Quelle für Luthers Biografie und seine Sprache sind die von ihm beim gemeinsamen Essen gehaltenen Tischreden, die von Teilnehmern aufgezeichnet wurden.

Luther blieb bis zum Ende seines Lebens in Wittenberg und wohnte in den Gebäuden seines ehemaligen Klosters, die ihm anlässlich seiner Heirat vom Kurfürsten geschenkt worden waren. Durch die Festigung der reformatorischen Bewegung, aber auch um sie beständig zu machen, konnte sich Luther in Wittenberg neuen Aufgaben widmen. Dazu gehörten unter anderem die Neuordnung des Gottesdienstes, die Schaffung des evangelischen Katechismus und die Sammlung von Kirchenliedern, zu denen er selbst eigene Lieder beitrug. Auch nahm er weiterhin zu Fragen des öffentlichen Lebens Stellung, etwa zum Bauernkrieg (1525) oder zu den Beratungen des Augsburger Reichstags (1530).

Luther starb während einer Reise am 18. Februar 1546 in seiner Geburtsstadt Eisleben und wurde in der Schlosskirche zu Wittenberg begraben.

Was war Luther für ein Mensch?

V on Zeitgenossen und der Nachwelt wurde Luther in erster Linie als Führer der Reformation wahrgenommen. Die Standbilder in vielen deutschen Städten, das berühmteste auf dem Wittenberger Marktplatz, von Schadow 1821 geschaffen, erwecken den Eindruck eines standfesten Mannes, einer Führungsfigur mit der Bibel in der Hand. Während die Bibel als wesentlichstes Werkzeug dieses Mannes die Sache trifft, ist die Vorstellung von einer Führungspersönlichkeit überzeichnet. Sich an die Spitze einer Menge zu stellen wie etwa sein Dozentenkollege Karlstadt, erst sein Unterstützer und später sein Gegner im eigenen Lager, war Luthers Sache nicht. Er wirkte mehr durch seine Schriften und Predigten im kirchlichen, ab 1522 im evangelischen Rahmen. Er schrieb immer wieder, dass er weder eine Spaltung der Kirche noch die Schaffung einer deutschen Schriftsprache intendiert habe. Was immer er getan habe, habe er getan, weil er dazu von außen und durch seine Überzeugungen gezwungen wurde. »Ich hab nichts getan, das Wort hat alles gehandelt und ausgerichtet ... Ich habe nichts gemacht, ich hab das Wort handeln lassen.« Auch wenn Luther ein Kenner der klassischen Rhetorik war, die er auch gekonnt einzusetzen wusste, so ist dennoch diese Selbsteinschätzung überzeugend.

D ass der stattliche Mann mit der Bibel in der Hand, der so grob und scheinbar anmaßend in seinen Schriften und Reden poltern konnte, in seiner Selbsteinschätzung durchaus bescheiden war, erschwert die Beurteilung seines Charakters. Nur selten und dann stets gegenüber seinen Gegnern strich er seine eigenen Fähigkeiten heraus wie etwa im »Sendbrief vom Dolmetschen« (1530): »... so will ich mich auch wider diese meine Esel rühmen. Sie sind Doktoren? Ich auch. Sie sind gelehrt? Ich auch. Sie sind Prediger? Ich auch. Sie sind Theologen? Ich auch. Sie sind Disputatoren? Ich auch. Sie sind Philosophen? Ich auch. Sie sind Dialektiker? Ich auch. Sie halten Vorlesungen? Ich auch. Sie schreiben Bücher? Ich auch.« Diese Passage richtete sich zunächst einmal gegen die Vorwürfe, er habe gar nicht die Vorbildung und notwendigen Kenntnisse, um gegen die überkom-

menen Lehren anzugehen. Dann aber legte er nach:»Ich will weiter
rühmen: Ich kann Psalmen und Propheten auslegen; das können sie
nicht. Ich kann übersetzen; das können sie nicht. Ich kann die heilige
Schrift lesen; das können sie nicht. Ich kann beten; das können sie
nicht. Und daß ich mich zu ihnen herablasse: ich kann ihre eigene
Dialektik und Philosophie besser, als sie selbst allesamt, und weiß
dazu fürwahr, daß ihrer keiner ihren Aristoteles verstehet.«

Das ist starker Tobak und ein Beleg dafür, dass er um seine
intellektuelle Überlegenheit wusste. Dennoch begriff er sein Schreiben und Wirken nicht als mächtige Taten, die er, und nur er, Martin
Luther, hatte vollbringen können. Als Theologe wusste er auch, dass
Hochmut (*superbia*) die erste der sieben Todsünden war (siehe
Hochmut kommt vor dem Fall, Seite 80). Alles das, was er zu leisten
imstande war, verstand er vielmehr als Gabe Gottes. In diesem Sinne
nannte er sich bisweilen in seinen Schriften»Doctor Martinus Luther,
unsers Herrn Jesu Christi unwürdiger Evangelist«. Diese Haltung
drückte sich auch in seiner materiellen Bescheidenheit aus. Wenn
man bedenkt, wie viele seiner Schriften gedruckt wurden, an denen
die Drucker reich wurden, ist es umso bemerkenswerter, dass er nie
ein Honorar für seine Arbeiten verlangte – ihm ging es um die Sache
der rechten Lehre.

W as wir dabei nicht vergessen dürfen, ist, dass dieser für seine
Sache so engagierte Gelehrte durchaus ein Mensch aus Fleisch
und Blut war. Zeit seines Lebens litt Luther unter verschiedenen
Krankheiten wie Schwindelanfällen, Verstopfung, Ohnmachten,
Depressionen. Die Symptome deuten darauf hin, dass es sich um die
menièrsche Krankheit handelte. Besonders belastend für Luther
waren die Depressionen, die er selbst als Begegnungen mit dem
Teufel auffasste. Zwar ist es sicherlich eine Legende, dass er während
eines solchen Anfalls auf der Wartburg mit dem Tintenfass nach dem
Teufel warf. Doch spürte Luther den Leibhaftigen selbst, sodass er
auch Ratschläge aus eigener Erfahrung erteilte wie den, dem Teufel,
wenn er aufträte, den nackten Hintern entgegenzustrecken.

Andererseits war er ein fröhlicher Mensch, der gern sang und
scherzte. Wiewohl die sprachliche Grobheit ein Merkmal seines
Zeitalters war – manche Sprachhistoriker sprechen vom Zeitalter des
Grobianismus –, ragte seine Ausdrucksweise, die auch fäkale Ausdrücke nicht scheute, hier doch hervor. Er selbst beklagte das verschie-
dentlich und wurde auch von Freunden dafür gerügt. Seine Gegner

hielten es freilich mit ihm meistens nicht anders. Gleichzeitig konnte er friedlich und zärtlich schreiben, wie das zum Beispiel in den Briefen an seine Frau Käthe zum Ausdruck kommt.

Luthers Abwendung von der herrschenden kirchlichen Lehrmeinung war gewiss nicht nur das Ergebnis jenes einzelnen Moments im Wittenberger Klosterturm. Die damals gewonnene Erkenntnis lässt sich jedoch als die zentrale und einzige Richtschnur seines Handelns ausmachen: Der Mensch ist grundsätzlich ein Sünder, gleichgültig, was er auf der Welt Gutes tut; er wird nicht aufgrund seines eigenen Handelns vor Gott gerecht, sondern allein durch den Glauben an die durch den Kreuzestod Jesu manifestierte Gnade Gottes. Da Luther diesen Grundsatz selbst, wie er sagte, aus der Lektüre der Bibel erfuhr, beharrte er darauf, dass jegliche christliche Lehrmeinung direkt aus den Worten der Heiligen Schrift ableitbar sein müsse. Aus diesen Grundsätzen – *sola gratia, sola fide, sola scriptura* (»allein durch die Gnade Gottes, allein durch den Glauben, allein durch die Heilige Schrift«) – erwuchsen sowohl seine eigene kirchlich-reformatorische Lehre als auch seine Ablehnung der vom Papst geführten katholischen Kirche, deren Lehre primär auf der Tradition beruhte. Luthers feste Überzeugung, dass allein aus den Worten der Bibel das Heil zu erkennen sei, stärkte ihn in allen schwierigen Situationen, denen er im Laufe seines Lebens ausgesetzt war. Dabei war es natürlich immer *seine* Lesart der Schrift, die er voraussetzte. Alles, was er tat, leitete er aus Bibelstellen ab und beurteilte Situationen danach, was die Bibel dazu sagen würde. Es traf ihn sehr, als andere wie etwa Thomas Müntzer in Berufung auf ihn die Schrift anders deuteten, oder als die Schweizer Reformer um Huldrych Zwingli die Worte der Einsetzung des Abendmahls anders verstanden als er.

Thomas Mann, gewiss kein Autor, der »dem Volk aufs Maul« schauen wollte, mochte Luther nicht besonders. Dennoch stammt von ihm die für mich beste Kurzcharakteristik des Menschen Martin Luther, die deshalb hier abschließend zitiert sei: »Ein Fels und ein Schicksal von einem Menschen, ein heftiger und roher, dabei tief beseelter und inniger Ausbruch deutscher Natur, ein Individuum, klobig und zart zugleich, voller Wucht und Getriebenheit, von bäurisch volkstümlicher Urkraft, Theolog und Mönch, aber ein unmöglicher Mönch, ›denn der Mann kann durch natürliche Begier des Weibes nicht entbehren‹ –, sinnlich und sinnig, revolutionär und rückschlägig aus der Renaissance, mit deren Humanismus er keine Fühlung hatte, ins Mittelalter durch stete Balgerei mit dem Teufel und massivsten Aberglauben an Dämonen und Kielkröpfe, geistlich verdüstert und doch lebenshell kraft seiner Liebe zu Wein, Weib und Gesang, seiner Verkündigung ›evangelischer Freiheit‹, schimpffroh, zanksüchtig, ein mächtiger Hasser, zum Blutvergießen von ganzem Herzen bereit ... antirömisch nicht nur, sondern antieuropäisch, furios nationalistisch und antisemitisch, tief musikalisch dabei, auch als Gestalter der deutschen Sprache.«

Deutsch und Lateinisch zu Luthers Zeit

In unserem heutigen Sinne gab es »die deutsche Sprache« zu Luthers Zeit noch nicht. Zum einen war das nördlich einer Linie von Aachen, Kassel, Wittenberg und Frankfurt (Oder) gesprochene Niederdeutsch eine andere Sprache als das südlich davon gesprochene sogenannte Hochdeutsch; sie verhielten sich zueinander ähnlich wie heute etwa Deutsch und Niederländisch. Zum anderen gab es auch im Hochdeutschen eine Vielzahl von Dialekten, aber keine übergeordnete Standardsprache. Es war gerade Luthers Bibelübersetzung, die den entscheidenden Beitrag zur Entstehung einer solchen Allgemeinsprache lieferte, die sich erst am Ende des 18. Jahrhunderts in den Werken von Klassikern wie Lessing, Schiller und Goethe endgültig konsolidieren sollte.

In sprachkritischen Diskussionen weise ich gern darauf hin, dass »unser« Wort *deutsch* ursprünglich ein halbes Fremdwort ist. Es geht zurück auf das lateinische Wort *theotiscus* »zum Volk gehörig«, gebildet aus dem germanischen Substantiv *theod* »Volk« und der lateinischen Endung *-iscus*. In einem lateinischen Bericht über eine Synode, die 786 in Tours (Lothringen) stattfand, kann man lesen, dass der Legat des Papstes die gefassten Beschlüsse *tam latine tam theotisce* vorgelesen habe, das heißt »sowohl lateinisch als auch in der Volkssprache«. Erst im 12. Jahrhundert wurde im frühmittelhochdeutschen »Annolied« das Wort *diutsch* im Sinne einer Volksgruppe verstanden, übrigens im Plural *diutsche lande*, *diutsche man*. Die Situation, dass es politisch zwar den deutschen Kaiser gab und sein Reich, aber keine Sprache dieses Reiches, war eingermaßen paradox – auch wenn man durchaus unterscheiden konnte, ob jemand, in welcher Ausprägung auch immer, »deutsch« oder eine andere Sprache sprach.

Nach der landläufigen Ansicht über das Verhältnis von Sprache und Schrift ist Schrift ausschließlich dazu da. Gesprochenes wiederzugeben, und sie sei um so besser, je näher sie dem Gesprochenen ist. Der Kirchenvater Augustinus kleidete diese Vorstellung in die lapidare Phrase *omne verbum sonat* (»jedes Wort tönt«), und auch Luther sagte gelegentlich *natura enim verbum est audiri* (»von seiner Natur her muss das Wort gehört werden«). Diese Sicht greift jedoch offenbar zu kurz, weil sie die Möglichkeiten des visuellen Mediums unterschätzt. Schrift macht Sprache dauerhaft, Schrift schafft neue sprachliche Möglichkeiten. Stellen Sie sich ein gesprochenes Telefonbuch vor, oder überlegen Sie, wie Goethes Werke (die klassische Sophienausgabe umfasst 143 Bände und ist noch nicht einmal ganz vollständig) mündlich hätten überliefert werden können, ja wie er sie, ohne zu schreiben, hätte schaffen können. Sprache verändert sich, wenn sie geschrieben wird. Sein Bild von der Sprache macht sich der Lesekundige hauptsächlich über die Schrift, d. h., er bezieht sein Wissen über die Sprache aus dem, was er sieht, und glaubt, dass das Gesprochene damit identisch sei.

In der Lutherzeit war das noch nicht so. Die Gesellschaft war zum größten Teil noch rein mündlich organisiert. Weniges galt es schriftlich zu regeln, etwa Rechtsgeschäfte oder theologische Auseinandersetzungen, und dies geschah meist in der fremden Sprache Latein. Das Geschriebene war etwas Fremdes. Die Fähigkeit zu lesen – vom Schreiben nicht zu reden – war außerhalb von Wissenschaft und Kanzlei (so die damals übliche Bezeichnung für Verwaltungsbehörden) ungewöhnlich. So ungewöhnlich und bemerkenswert, dass der mittelalterliche Dichter Hartmann von Aue sie eigens erwähnt, wenn er den Helden seiner Versnovelle »Der arme Heinrich« (um 1200) vorstellt: »Ein ritter so geleret was (= war) daz er an den buochen (= in den Büchern) las«. Wichtiges – wie die Bibel – wurde von denen, die lesen konnten, den anderen vorgelesen, wobei in der Regel nur Texte vorgelesen wurden, die auch der Vorleser schon weitgehend auswendig konnte, weil sie ihm schon vorgelesen worden waren. Wer lesen konnte und für sich selbst las, las sich zudem selbst laut vor; leises Lesen wurde erst seit Beginn des 19. Jahrhunderts die Regel. Allerdings wurden gerade in der ersten Hälfte des 16. Jahrhunderts die durch den Buchdruck eröffneten neuen Möglichkeiten medialer Kommunikation entdeckt, die die Veränderungen einleiteten: Man konnte nun selbst den Bibeltext lesen und tat es später auch leise.

Das vollzieht sich sehr langsam und dauerte bis zum Anfang des 19. Jahrhunderts. Luther hatte diese Möglichkeiten sehr viel früher als andere erkannt und systematisch für seine Zwecke genutzt.

Wie schon gesagt, war die herrschende Sprache der Bildung und der Amtsgeschäfte auch zu Luthers Zeit noch das Lateinische. Zwar gab es bereits im 9. Jahrhundert vereinzelt Texte vorwiegend christlichen Inhalts in der Volkssprache, die man als Althochdeutsch bezeichnet. Aber auch die Schreiber selbst hatten Probleme damit, nicht lateinisch zu schreiben, wie sie in Vorreden berichten. Im 13. Jahrhundert wurden mündlich vorgetragene Texte, Epen wie das Nibelungenlied und die Gesänge der Minnesänger in der Volkssprache (mittelhochdeutsch) aufgeschrieben, auch erste Rechtstexte (»Sachsenspiegel«). Aber auch dies war eher noch ungewöhnlich.

Erst mit der Erfindung des Buchdrucks nahm die Zahl der geschriebenen deutschsprachigen Texte langsam zu, wobei sie zunächst weiter die Ausnahme blieben. Dafür gibt es vor allem zwei Gründe: Zum einen war wegen der vielen Dialekte, die im heutigen deutschen Sprachgebiet gesprochen wurden, die Reichweite von in der Volkssprache gedruckten Schriften sehr begrenzt. Zum anderen: Lesen und schreiben zu lernen bedeutete, auf der Lateinschule, die auch Luther besuchte, die lateinische Sprache lesen und schreiben zu lernen. Das Lesen deutscher Texte wurde erst ab dem 16. Jahrhundert in städtischen Schulen gelehrt, vor allem im reformatorischen Kontext.

Eine ähnlich verkürzte Ansicht wie über die Schriftsprache besteht landläufig darüber, was eine Übersetzung ist. Normalerweise nimmt man an, dass es einen Text in Sprache A gibt und dass durch die Übersetzung dann derselbe Text in Sprache B vorliegt. Schon seit der Antike und auch in Luthers Zeit wurde aber das praktische Problem erkannt, dass sich Texte nicht Wort für Wort übersetzen lassen, weil sie dann meist unverständlich sind. Über dieses Stadium sind auch moderne Übersetzungsprogramme noch nicht weit hinausgekommen, außer wenn es um Fachtexte geht. Die Streitfrage ist daher, ob man die Form der Ausgangssprache (z. B. die Reihenfolge der Wörter) genau wiedergeben müsse, oder ob man nur den Sinn der Vorlage erfassen müsse. Die Faustregel, die in der Schule vermittelt wird (und die nicht unbedingt hilft, wenn man gut übersetzen will) lautet: So wörtlich wie möglich, so frei wie nötig (siehe Seite 28 f.).

Neuere Übersetzungstheorien gehen über den Gegensatz frei/ wörtlich hinweg. Sie betonen, dass nicht nur die zwei Sprachen eine Rolle spielen, sondern auch die Funktion der Texte, der Autor und der Leser, schließlich der Übersetzer selbst, der seinerseits Leser und Schreiber ist. Für die Bibelübersetzung Luthers gilt, dass er nicht vom fremdsprachlichen Text ausging, sondern vom Zieltext: Er wollte, dass der Leser/Hörer das verstand, was er aus dem fremdsprachlichen Text ins Deutsche übertrug, und orientierte sich deshalb nicht am Wortlaut der fremden Sprache, sondern an der Sprache des Adressaten. Dabei darf man nicht unterschätzen, wie sehr Luther seine Theologie in seine Bibelübersetzung einbrachte: Sein Bibeltext bietet *seine* Lesart der Vorlage, wie dies etwa in der Auseinandersetzung um das Wort *allein* im Römerbrief (3,28) zum Ausdruck kommt (siehe Seite 32).

Luthers Sprachen

Luthers Muttersprache war der ost-mitteldeutsche Dialekt, der in der Region um Eisleben/Wittenberg gesprochen wurde. An der sprachlichen Grenze zum Niederdeutschen aufgewachsen, hatte er aber auch von dort Wörter und Redeweisen übernommen. Seinen Predigten und Schriften lag diese Ausprägung der deutschen Sprache zugrunde. Berühmt ist seine Selbstaussage »Ich habe keine gewisse, sonderliche, eigene Sprache im Deutschen, sondern brauche der gemeinen deutschen Sprache, dass mich beide, Ober-und Niederländer, verstehen mögen. Ich rede nach der sächsischen Kanzlei, welcher nachfolgen alle Fürsten und Könige in Deutschland; alle Reichsstädte, Fürsten-Höfe schreiben nach der sächsischen und unsers Fürsten Kanzlei, darum ists auch die gemeinste deutsche Sprache. Kaiser Maximilian, und Kurfürst Friedrich, Herzog von Sachsen etc. haben im römischen Reich die deutschen Sprachen also in eine gewisse Sprache gezogen.«

Diese Passage ist hundertfach interpretiert worden, hier mögen zwei Punkte hinreichen. Zum einen zeigt sie, dass sich Luther selbst darüber bewusst war, eine ausgleichende Sprachform zu benutzen, die über die vielen deutschen Dialekt- und Sprachgrenzen hinweg verstehbar war; dies war für ihn die Sprache, die in der Kanzlei seines Kurfürsten und des Kaisers benutzt wurde und von der er annahm – damals noch zu Unrecht –, dass es die eine »gewisse« deutsche Sprache sei. Zum anderen machte er keinen Unterschied zwischen gesprochener und geschriebener Sprache. Beide Punkte sind von ganz erheblicher Bedeutung dafür, dass die Sprache seiner Bibelübersetzung so prägend auf die Entwicklung der deutschen Sprache gewirkt hat. Er benutzte sowohl schriftlich in der Bibelübersetzung und in seinen Traktaten als auch mündlich in seinen Predigten diese Ausprägung der deutschen Sprache.

Die zweite Sprache, die Luther beherrschte, war das Lateinische. Bereits als Neunjähriger hatte er in der Schule in Mansfeld begonnen, Latein zu lernen. Auf der Schule war es bei Strafe verboten gewesen, deutsch zu reden, und auch auf der Universität und im Kloster wurde nur lateinisch gesprochen. Geschrieben wurde ohnehin nur auf lateinisch – seine erste Schrift auf Deutsch schrieb Luther erst mit 32 Jahren. Auch die 95 Thesen zum Ablass verfasste er im Jahre 1517 lateinisch, ebenso die große Reformationsschrift von der babylonischen Gefangenschaft der Kirche von 1521. Er schrieb und sprach lateinisch so fließend wie seine Muttersprache. Man kann davon ausgehen, dass er große Teile des Evangeliums, ganz gewiss alle Paulusbriefe, auf Lateinisch auswendig konnte. Seine Tischreden mit der für bilinguale Sprecher typischen Mischung aus lateinischen Sentenzen und deutschen Erweiterungen zeigen, wie sehr ihm die lateinische Sprache in Fleisch und Blut übergegangen war.

Im Studium lernte Luther dazu das Griechische. Er begann sein Studium in einer Zeit, in der der Humanismus in den Wissenschaften die beherrschende Strömung darstellte. Das Bedürfnis, die Antike aus den Quellen kennenzulernen und das Kirchenlatein durch das klassische Latein zu reformieren, war auch mit einem großen Interesse an anderen klassischen Sprachen verbunden. Der berühmte Humanist Erasmus von Rotterdam gab 1516 den revidierten griechischen Urtext des Neuen Testaments heraus, verbunden mit einer lateinischen Übersetzung, einer revidierten Vulgata (siehe Seite 22). Luther besaß diese Texte. Er beherrschte das Griechische so gut, dass er griechische Autoren im Urtext lesen konnte. Allerdings erkannte er neidlos die Überlegenheit seines Kollegen und Freundes Philipp Melanchthon an, Professor für Griechisch an der Universität Wittenberg, der auch die Revision des Septemberevangeliums mit ihm erarbeitete.

S chon früh in seinem Theologiestudium begann Luther, auch das Hebräische zu lernen, die dritte der für die Bibelübersetzung wichtigen Sprachen. Allerdings hat er es hier nie so weit gebracht wie im Griechischen: Als er 1525 um eine Inhaltsangabe für ein hebräisches Buch gebeten wurde, bekannte er, hierzu nicht in der Lage zu sein. Die Übersetzung des Alten Testaments war eine gemeinsame Arbeit mit Melanchthon, Aurogallus und anderen Wittenberger Kollegen. Allerdings war er auch hier die treibende Kraft.

Der erste Lutherbiograf Johannes Mathesius, der daran ebenfalls beteiligt war, berichtet, dass die Übersetzung des Alten Testaments in einer Vielzahl von Sitzungen erarbeitet wurde. Die Gruppe der Übersetzer traf sich meist einige Stunden vor dem Abendessen bei Luther. Melanchthon war für das Griechische zuständig, Creutziger und Aurogallus für das Hebräische, Justus Jonas für das Lateinische. Luther kam mit »seiner alten Lateinischen und neuen Deutschen Biblien« dazu und präsidierte dem Kolloquium. Jeder hatte eine Textstelle vorbereitet, – so ging die »stimm herumb« und jeder erläuterte seine Meinung zu der Textstelle. Luther prüfte das und trug es, wenn es akzeptiert war, in sein Handexemplar ein. Manchmal musste die gleiche Stelle auch in einer späteren Sitzung noch einmal besprochen werden.

Die Sprachen der Bibel

I n vielen Kulturen gibt es die Vorstellung einer »heiligen Sprache«, und das ist immer die Sprache, in der die religiöse Basis formuliert ist. In einigen Regionen Indiens ist es das Sanskrit, für die Juden das Hebräische, im muslimischen Bereich das klassische Arabische. Im christlich geprägten Abendland indes gibt es drei heilige Sprachen: Hebräisch, Griechisch und Lateinisch. Was das Hebräische und das Griechische betrifft, liegt der Grund auf der Hand – es ist der gleiche wie in den anderen Religionen, denn im Urtext ist das Alte Testament hebräisch, das Neue Testament griechisch geschrieben. Aber warum auch Latein? Die Antwort ist in der sprachlichen Entwicklung im ursprünglichen Verbreitungsgebiet des Christentums zu finden.

Nimmt man die reformatorische Parole *das Wort sie sollen lassen stan* wörtlich, dürfte es eigentlich gar keine Übersetzung des Wortes Gottes geben. Aber schon im 2. Jahrhundert wurde für die vielen in der Diaspora – also nicht in Palästina – lebenden Juden das Alte Testament ins Griechische, die damalige *lingua franca,* übersetzt. Als *lingua franca* wird eine Sprache bezeichnet, die Sprechern verschiedener Sprachen als Verständigungsmittel dient – eine Rolle, die heute das Englische einnimmt. Der griechische Text des Alten Testaments wurde als Septuaginta (lateinisch »siebzig«) bekannt. Der Name rührt daher, dass 70 Gelehrte sie angefertigt haben sollen.

Die gleiche Situation bot sich später für die christliche Kirche. Die *lingua franca* des Römischen Reichs und seiner Nachfolger war Latein. Für das Christentum unabdingbar war daher eine Version der Bibel in dieser Sprache. Der Kirchenvater Hieronymus übersetzte am Ende des 3. Jahrhunderts die Septuaginta und das Neue Testament ins Lateinische. Sein Text setzte sich gegen andere lateinische Übersetzungen durch und erhielt folgerichtig den Namen *Vulgata* (»allgemein gebräuchliche Fassung«). Sie galt bis zu Luthers Zeit (und für die katholische Kirche noch Jahrhunderte länger) als die verbindliche Grundlage des christlichen Glaubens, wodurch das Lateinische zur dritten heiligen Sprache wurde; der lateinische Text war sakrosankt im Sinne des Wortes. Um das zu rechtfertigen, wurde sehr oft auf die Inschrift INRI am Kreuz Jesu hingewiesen, die Pontius Pilatus in den drei Sprachen Hebräisch, Griechisch und Lateinisch (*Iesus Nazarenus Rex Iudaorum*) hatte anbringen lassen.

Wenn aber die Sprachen der Bibel heilig sind, ist der Schritt zu einem Verbot der Übersetzung in eine andere Sprache nicht weit – und in der Tat gab es immer wieder solche Verbote, das letzte vor Luther im Jahre 1485 durch den Mainzer Bischof Bertold von Henneberg. Begründet wurden sie mit zwei Argumenten. Zum einen wurden die Volkssprachen gegenüber dem Latein für viel zu primitiv gehalten, um den Geist der christlichen Botschaft genau wiedergeben zu können; deshalb sei bei einer Übersetzung mit Verfälschungen zu rechnen. Zum anderen würde die Zugänglichkeit der Heiligen Schrift für Laien, ungelehrte Menschen und Frauen (!) die Ketzerei fördern. In der Lutherzeit hatte das noch nicht lange zurückliegende Beispiel John Wyclifs in England, vor allem aber das von Jan Hus in Böhmen diesem Argument neue Nahrung gegeben.

Solche Vorurteile blieben lange lebendig. Bis zum Zweiten Vatikanischen Konzil wehrte sich die katholische Kirche gegen die Verwendung volkssprachlicher Übersetzungen im Gottesdienst. In der Folge des Konzils wurde an einer neuen Übersetzung für den Gebrauch im Gottesdienst der katholischen Kirche gearbeitet, die 1979 erschien und als Einheitsübersetzung bezeichnet wird. Eine Überarbeitung ist im Dezember 2016 erschienen.

Heute ist die Bibel der in die meisten Sprachen übersetzte Text der Welt. Die Deutsche Bibelgesellschaft gab Anfang 2016 bekannt, dass die gesamte Bibel weltweit in 563 Sprachen übersetzt und gedruckt vorliege. Das Neue Testament liege zudem in 1334 weiteren Sprachen übersetzt vor, kleinere Teile der Bibel in noch einmal 1038 Sprachen – zusammen 2935 von weltweit ca. 6000 Sprachen.

Trotz der wiederkehrenden Verbote gab es aber schon früh Übersetzungen in die Volkssprachen. In der Regel standen diese in missionarischem Kontext, auch im Bereich der germanischen Sprachen. Im 4. Jahrhundert etwa hatte der im Gebiet der unteren Donau wirkende Bischof Wulfila die Bibel ins Gotische übersetzt; diese Fassung enthielt fast das gesamte Neue Testament und Teile des Alten Testaments. Auch in anderen Frühstufen des Deutschen wurden im 9. Jahrhundert einzelne Teile des Evangeliums übersetzt oder nachgedichtet, etwa im umfangreichsten Sprachzeugnis der althochdeutschen Zeit, der Evangelienharmonie Otfried von Weißenburgs, die in vier Handschriften überliefert ist und über 7000 Zeilen lang ist, oder im altsächsischen »Heliand« mit knapp 6000 Zeilen.

Die erste gedruckte deutsche Bibel erschien 1466 in Straßburg, gedruckt von Johann Mentelin. Sie wurde bis 1513 mehrfach aufgelegt und zum Teil auch von anderen überarbeitet. Insgesamt sind vor Luther fast 20 gedruckte deutsche Bibeln nachgewiesen, dazu kommen über 50 Drucke von Teilen der Bibel. Diese waren jedoch aus verschiedenen Gründen nicht sehr verbreitet. Zum einen waren sie sehr eng an den jeweiligen örtlichen Dialekt gebunden. Schwerwiegender jedoch ist das Faktum, dass diese Übersetzungen sich eng, ja übereng an das lateinische Vorbild hielten und damit eigentlich nicht lesbar waren (siehe Seite 28). Sie wurden zudem nur in sehr geringer Auflage gedruckt.

Das Septemberevangelium

Weil es Luthers feste Überzeugung war, dass allein die Heilige Schrift über den rechten Glauben Auskunft geben könne, war ihm eine Übersetzung ins Deutsche bald ein zentrales Anliegen. Bestärkt von seinen Freunden, mit denen er in Korrespondenz stand, machte er sich in seinem Exil auf der Wartburg Mitte Dezember 1521 an die Arbeit. Ihm standen nicht viel mehr Bücher als die Vulgata, der von Erasmus erarbeitete griechische Urtext und ein griechisch-deutsches Wörterbuch zur Verfügung. Bereits nach elf Wochen war die Überset-

zung fertiggestellt, die er nach seiner Rückkehr nach Wittenberg zusammen mit Melanchthon in fünf Wochen überarbeitete. Die Übersetzung des Alten Testaments dauerte länger. Sie erschien in einzelnen Teilen seit 1527; erst 1534 konnte die vollständige Bibel mit Altem und Neuem Testament in Luthers Übersetzung erscheinen.

Waren Sie schon einmal auf der Wartburg? Dann kennen Sie auch Luthers Zimmer. Und wenn nicht, begleiten Sie mich dorthin. Wir versetzen uns knapp 500 Jahre zurück, steigen die Treppe empor, schleichen durch einen hellen Gang, öffnen vorsichtig und leise die hölzerne Tür. Der Blick fällt auf einen Schreibtisch mit aufgeschlagenen Büchern, daneben Gänsekiele, Tinte und Schreibpapier.

Aber wo ist der Bewohner? Nicht, wo wir ihn vermuten, am Schreibtisch. Nein, er läuft im Raum hin und her und spricht laut vor sich hin. Wir horchen … lateinisch und deutsch klingende Worte durcheinander gemischt. Plötzlich eilt er zum Schreibtisch, schaut kurz in ein dort aufgeschlagenes Buch, taucht die Feder in die Tinte und schreibt ein oder zwei Wörter, steht wieder auf, läuft umher. Manchmal schaut er auch hinaus in den Himmel, ins »Reich der Vögel«, spricht wieder, bleibt stehen, läuft rasch zum Schreibtisch, liest, wandert weiter, schreibt dann einen Satz . . Wir schließen leise die Tür und gehen über den Wandelgang und die Treppe zurück.

Was haben wir eben gesehen? Luther saß nicht stumm und denkend an einem Schreibtisch, von Folianten umgeben, abwechselnd ins Buch, in die Luft, wieder ins Buch, wieder in die Luft starrend, wie ihn viele Bilder (auch auf der Wartburg zu sehen) darstellen. Er las, suchte Worte, die man predigen konnte, sprach sie laut vor sich hin, und erst wenn er die rechten Worte gehört hatte, setzte er sich und schrieb sie auf. *Natura enim verbi est audiri* – das Wort muss gehört werden, nicht (nur) gesehen.

»Luther beginnt auf der Wartburg die Bibelübersetzung«

Radierung, 1847, von Gustav König

Natürlich stellen wir uns das nur vor und wissen nicht wirklich, ob es genau so vor sich ging. Was wir aber wissen, ist, dass Luther deutsch Gesprochenes niederschreiben wollte, nicht das im lateinischen und griechischen Text Gesehene. Er wollte, dass das von ihm übersetzte Evangelium »eine vollständige deutsche, klare Rede wird. Denn man muss nicht die Buchstaben in der lateinischen Sprache fragen, wie man deutsch reden soll, wie diese Esel (= seine Kritiker) tun; sondern man muss die Mutter im Hause, die Kinder auf der Gasse, den einfachen Mann auf dem Markt danach fragen, und denselben auf das Maul sehen, wie sie reden, und danach übersetzen, so verstehen sie es denn, und merken, dass man deutsch mit ihnen redet« (»Sendbrief vom Dolmetschen«, 1530). Hier spricht nicht der Philologe und Übersetzer, hier spricht der Prediger. Das Wort der Heiligen Schrift sollte durch ihn zu seinen Zuhörern reden, die es nur verstehen konnten, wenn es ihre Sprache war. Luther schaute dem Volk nicht aufs Maul, um so wie das Volk zu reden, sondern um so zu reden, dass das Volk ihn verstand. Das ist ein entscheidender Unterschied: Es war eben nicht, wie es der Germanist Arno Schirokauer noch 1958 behauptete, der »Pöbeljargon der Handwerker, Marktweiber und Bauern«, eine »Gossensprache«, die er benutzte, sondern die gesprochene Alltagssprache in einer der Heiligen Schrift angemessenen Form.

Das war freilich dennoch eine wirkliche Revolution. Denn das Wort Gottes war bis dahin entweder lateinisch vorgesprochen oder aber quasi buchstäblich übersetzt worden. Luther, der Doktor der Theologie, aber las den fremdsprachigen Text, verstand ihn (auf seine Weise, wie jeder Leser), schrieb aber nicht gleich hin, was er verstanden hatte, und machte sich an den nächsten Satz. Nein: Er dachte darüber nach, wie er das Verstandene für jemanden, der kein Doktor der Theologie war, in dessen Sprache ausdrücken konnte, damit der es hören und lesen könne.

Luthers Gegnern war genau das ein Dorn im Auge. Einer seiner schärfsten Widersacher, Johannes Cochläus, dessen (lateinisch geschriebene) Schmähschrift »Kommentare zu den Taten und Schriften des Sachsen Martin Luther« von 1549 das katholische Lutherbild bis zu Beginn des 20. Jahrhunderts maßgeblich beeinflusst hat, schrieb über Luthers Neues Testament, dass es »durch die Buchdrucker dermaßen vervielfältigt ... war, dass auch Schneider und Schuster, ja auch Weiber und andere einfältige Idioten, die dies neue lutherische Evangelium angenommen hatten, auch wenn sie nur ein wenig Deutsch auf einem Pfefferkuchen lesen gelernt hatten, dieses gleich als einen Brunnen aller Wahrheit mit größter Begierde lasen. Etliche trugen es auch mit sich im Busen herum und lernten es auswendig«.

Deshalb war Luthers Septemberevangelium mehr als eine Übersetzung des Bibeltextes. Dadurch, dass die gesprochene Sprache nun erstmals gedruckt vorlag, wurde seine Bibel zum Vorbild des Schreibens in deutscher Sprache.

Wie übersetzt man? Ein Beispiel

Stellen wir uns vor, ein junger Lateinlehrer in einem kirchlichen Gymnasium hält die Kriegsberichterstattung Cäsars als Schullektüre für weniger geeignet und führt stattdessen seine Übersetzungsübungen anhand der lateinischen Bibel durch. In einer Stunde ist Lukas 1,28 an der Reihe. Die Schüler dürfen ihr Wörterbuch benutzen.

Vulgata: Et ingressus angelus ad eam dixit: Ave Maria, gratia plena, Dominus tecum. Benedicta tu in mulieribus.

Er bekommt u. a. folgende Übersetzungen:

Hannes: Und eingetreten der Engel zu ihr sagte: Sei gegrüßt Maria, voll Gnade, der Herr mit Dir. Gutgesagte du unter den Frauen.

Philipp: Und der Engel trat ein und sagte zu ihr: Gegrüßet seist du Maria voll der Gnaden, der Herr ist mit dir. Du bist gesegnet unter den Frauen.

Martin: Und der Engel kam zu ihr hinein und sprach: Gegrüßet seist du Holdselige, der Herr ist mit Dir, du Gebenedeiete unter den Weibern.

Kevin: Der Engel kam rein und sagte: Hi Maria, tolle Frau. Gott liebt dich, du bist bei ihm mehr angesagt als andere Frauen.

Was kann der Lateinlehrer zu seinen Schülern sagen, wenn er ihre Vorschläge bespricht? Am einfachsten ist das sicherlich bei Hannes. Er liefert das ab, was man eine Interlinearversion nennt – er übersetzt Wort für Wort, ohne darauf zu achten, ob das Ergebnis einen deutschen Satz ergibt, sprachlich überhaupt verständlich ist. Der Lehrer sagt ihm, dass das für den Anfang ganz ordentlich sei, aber es sei kein Deutsch, was er da geschrieben habe, und das gehöre eben zu einer Übersetzung dazu – man müsse ja auch das Übersetzte verstehen, zumal sonst der Verdacht naheliegt, dass der lateinische Text gar nicht verstanden worden ist.

Philipp folgt offenbar der Devise »so wörtlich wie möglich, so frei wie nötig«. Seine Übersetzung hätte durchaus in Luthers Bibel gepasst. So hätte auch der Reformator übersetzen können, wenn ihn nicht das Wort *voll* gestört hätte (siehe Seite 31).

Schwieriger ist Martin, offenbar bibelfest. Von *holdselig* steht nichts im Text, *gebenedeiete* ist kein heutiges Deutsch, und diesen Teil einfach weglassen, wie es die Revisionsbibel 2017 tut, (es heißt da »Sei gegrüßt, du Begnadete! Der Herr ist mit dir!«) darf man jedenfalls im Lateinunterricht nicht. Martin bietet zwar Luthers »Ave Maria«, aber für die Schule ist das als Übersetzung einerseits zu frei, andrerseits zu eng.

Noch schwieriger zu beurteilen ist die »Übersetzung« von Kevin, der seinen Mitschülern aufs Maul geschaut hat. Er hat vielleicht die Volxbibel gelesen, wahrscheinlich den lateinischen Text wörtlich analysiert, verstanden und dann in seine Sprache gefasst, aber als Übersetzung ist das – jedenfalls für den Lateinunterricht – auch nicht brauchbar. Unser Lateinlehrer macht aus der Situation das Beste: Er lässt die vier miteinander darüber diskutieren, wie man richtig übersetzt.

Luthers Übersetzungsprinzipien

Das fiktive Beispiel oben gibt mit dem Schüler Hannes die Art und Weise vor, wie die Bibel vor Luther übersetzt wurde. Das folgende Beispiel stammt aus der Übersetzung von Mentelin.

Vulgata: »Videntes autem principes sacerdotum et scribae mirabilia, quae fecit, et pueros clamantes in templo et dicentes: »Hosanna filio David«, indignati sunt et dixerunt ei …«

Mentelin: »Die fursten der pfaffen und die schreiber sehend die wunder die er tet: und die kinder rieffen im tempel und sprachen: osanna der sun dauids: sy verunwurdigtens und sprachen zuo im …«

Mentelin übernimmt die lateinische Konstruktion mit dem Partizip (*videntes/sehend*), obwohl das im Deutschen, insbesondere bei so einem langen Satz, schon damals so kaum benutzt wurde; im zweiten Teilsatz gibt er die Partizipien zwar durch flektierte Formen wieder (*riefen, sprachen*), aber ein rechter deutscher Satz will das Ganze nicht werden. *Principes sacerdotum* übersetzt er falsch – es handelt sich nicht um die Fürsten der Priester, sondern die obersten Priester. Besonders schwierig ist *verundwurdigtens* für *indignati sunt* – natürlich waren die Hohenpriester und Schriftgelehrten nicht nur indigniert, sondern wütend – und genau das schreibt Luther:

Luther 1545: »Da aber die hohen priester und schrifftgelerten
sahen die wunder, die er thett, unnd die kinder im
tempel schreyen Hosianna dem son dauid, wurden
sie entrustet und sprachen zu yhm ...«

Diese Abweichungen vom lateinischen Wortlaut kreideten ihm seine
Gegner an. Der Theologe und anfängliche Anhänger Luthers Georg
Witzel schrieb, »dass dieser Verdeutscher etwas mehr der Bibel Vater
denn ihr Dolmetscher sein will, weil er den schriftlichen Buchstaben
so gering achtet ... und mehr wahrnimmt, wie seine Arbeit den
deutschen Ohren wohl klinge. ... Es kitzelt fein sein Deutsch, aber da
liegt die Frage nahe, ob es recht und gewiss sei« (»Von der newen
Dolmetschung der Biblien«, 1533). Aber genau das, was Witzel
kritisiert – dass das Übersetzte auch in deutschen Ohren gut klinge –
war Luthers Ziel.

In seinem »Sendbrief vom Dolmetschen« erläuterte er dies 1530. Er
betonte, dass zunächst der Sinn und nicht die Form wiedergegeben
werden müsse: »Wie denn alle Schulmeister lehren: daß nicht der
Sinn den Worten, sondern die Worte dem Sinn dienen und folgen
sollen.« Aber er sagte andererseits auch in den »Summarien über die
Psalmen«: »Doch hab ich wiederum die Buchstaben nicht allzu frei
fahren lassen, sondern mit grossen Sorgen samt meinen Gehilfen
drauf gesehen, das, wo etwa an einem Ort gelegen ist, hab ichs nach
den buchstaben behalten ... ich habe eher der deutschen Sprache
abbrechen wollen, denn von dem Wort weichen. Ah es ist Dolmetschen ja nicht eines Jeglichen Kunst.« Das ist – mit etwas Schlagseite
in Richtung »frei« – übersetzen nach der Formel »so frei wie nötig, so
wörtlich wie möglich«.

D arüber hinaus aber musste für Luther das Übersetzte auch
Deutsch klingen, und zwar nicht nur für die Theologen, sondern
vor allem für die Zuhörer und Leser, und das konnte es nur, wenn
man es in ihrer Sprache predigen konnte. In seinem »Sendbrief vom
Dolmetschen« macht er das anhand einiger Beispiele deutlich.

»Also wenn Christus spricht: ›Ex abundantia cordis os loquitur.‹
Wenn ich den Eseln (= seinen Gegnern) soll folgen, die werden mir die
Buchstaben vorlegen, und so dolmetschen: Aus dem Überfluss des
Herzens redet der Mund. Sage mir, ist das deutsch geredet? Welcher
deutscher verstehet solches? Was ist Überfluss des Herzens für ein
Ding? Das kann kein Deutscher sagen, er wollte denn sagen, dass

einer allzu ein großes Herz habe oder zu viel Herz habe, wiewohl das auch noch nicht recht ist: denn Überfluss des Herzens ist kein Deutsch, so wenig, wie das deutsch ist: Überfluss des Hauses, Überfluss des Kachelofens, Überfluss der Bank, sondern so redet die Mutter im Haus und der gemeine Mann: Wes das Herz voll ist, des geht der Mund über, das heißt gut deutsch geredet, des ich mich beflissen und leider nicht allwege erreicht noch getroffen habe. Denn die lateinischen Buchstaben hindern über die Massen, sehr gut deutsch zu reden.« Deshalb ist Luthers Übersetzung hier nicht einfach nur »frei«, sondern der Redeweise der Zuhörer angepasst.

Denn Luther denkt bei seiner Übersetzung an den Hörer, seine Sprache will er treffen. Man kann nicht mit den »lateinischen Buchstaben« auf Deutsch reden, weil man dann nicht verstanden wird. Hier spricht der Prediger Luther, wie auch in der folgenden Stelle (Matthäus 26,8), wo die Jünger unwillig darüber sind, dass Magdalena Jesus kostbares Salböl über das Haupt gießt und ihrer Meinung nach verschwendet: »Wenn der Verräter Judas sagt ›Ut quid perditio ista ungenti facta est?‹ Folge ich den Eseln und Buchstabilisten, so muss ichs also verdeutschen: Warum ist diese Verlierung der Salben geschehen? Was ist aber das für ein Deutsch? Welcher Deutsche redet so: Verlierung der Salben ist geschehen? Und wenn ers auch versteht, so denkt er, die Salbe sei verloren und man müsse sie wieder suchen … Der deutsche Mann redet so: Was soll doch solcher Unrat? … oder: Es ist schade um die Salbe. Das ist gut deutsch, woraus man versteht, dass Magdalena mit der verschütteten Salbe unredlich umgegangen ist … das war Judas Meinung.« Entsprechend übersetzte Luther die Stelle »Wozu dient diese Vergeudung?«, denn genau auf diese Frage der Jünger antwortet Jesus anschließend. »Verlierung der Salbe« hätte damals so gut wie heute niemand verstanden.

In seinen »Summarien über die Psalmen« erläuterte Luther, warum er oft noch weiter vom Urtext abgewichen ist. Er hatte in einer früheren Übersetzung Psalm 63,6 so übersetzt: »Lass meine Seele voll werden, wie mit Schmalz und Fett, dass (dich) mein Mund mit fröhlichen Lippen rühme«. Bei der Überarbeitung wurde ihm und seinen Mitarbeitern jedoch klar, dass das unverständlich ist: »Da haben wir die hebräischen Worte fahren lassen, weil das kein Deutscher versteht.« Und sie übersetzten: »Daselbst wollte ich dich gerne loben mein Leben lang und meine Hände in deinem Namen aufheben«; in der Revision 2017 heißt es unserem Deutsch entsprechend »Ich will dich loben mein Leben lang und meine Hände in deinem Namen aufheben.« Der Lateinlehrer schlägt die Hände über dem Kopf zusammen: Im zu übersetzenden Text der Vulgata ist von Fett und Schmalz die Rede, vielleicht im hebräischen Text von Fett und Mark (so übersetzt Hermann Menge 1960) – nichts davon in Luthers Übersetzung, bis heute nicht! Freilich: Der Vers des Psalms geht ins Herz, und er trifft das, was gemeint ist. Allerdings wurde es auch anders versucht. In der Einheitsübersetzung von 1979, der für die katholische Kirche maßgeblichen Übersetzung, heißt es etwas näher am Text: »Wie an Fett und Mark wird satt meine Seele, mit jubelnden Lippen soll mein Mund dich preisen.«

Zwei Stellen des Septemberevangeliums haben Luthers Gegner von Anfang an besonders heftig kritisiert. Die eine ist seine Übersetzung des Grußes des Engels, der Maria die Geburt des Sohnes Gottes ankündigt, des Ave Maria (siehe Seite 27 f.). Luther schreibt dazu: »Da der Engel Mariam grüßet und sagt: ›Gegrüßet seist du, Maria, voll Gnaden, der Herr mit dir.‹ Wohlan, so ists bisher schlicht, den lateinischen Buchstaben entsprechend verdeutscht worden. Sage mir aber, ob das auch gutes Deutsch sei? Wo redet der deutsche Mann so: ›Du bist voll Gnaden‹? Und welcher Deutsche verstehet, was damit gesagt sei: ›voll Gnaden‹? Er muss an ein Fass voll Bier oder Beutel voll Geldes denken. Darum habe ichs verdeutscht: ›du Holdselige‹; damit ein Deutscher sich desto besser vorstellen kann, was der Engel mit seinem Gruß meinet. Aber hier wollen die Katholiken toll werden über mich, dass ich den Engelsgruß verderbet habe: obwohl ich damit noch nicht das beste Deutsch getroffen habe. Und hätte ich das beste Deutsch hier nehmen und den Gruß so verdeutschen sollen: ›Gott grüße dich, du liebe Maria‹ – denn so viel will der Engel sagen, und so würde er geredet haben, wenn er sie auf Deutsch hätte grüßen wollen – ich meine, sie (die Katholiken) sollten sich wohl vor großer Schwärmerei für die liebe Maria selbst erhängt haben, weil ich den Gruß so zunichte gemacht hätte.«

Wir haben die Stelle oben schon besprochen. *Holdselige* steht nicht im Urtext, auch das griechische *kecharitomene* kann nicht mit »holdselig« übersetzt werden, *plena gratia* »voll Gnade« trifft die Bedeutung besser. Luther wollte den Gruß des Engels jedoch in einer Weise verdeutschen, die seiner Bedeutung auch für die Gläubigen – die das Ave Maria ja beteten – gerecht wird. Es ist allerdings auch für mich fraglich, ob eine Übersetzung der Heiligen Schrift so frei verfahren darf.

Am meisten protestierten Luthers Gegner gegen seine Übersetzung von Vers 28 aus dem dritten Kapitel des Römerbriefs: »So halten wir nun dafür, daß der Mensch gerecht werde ohne des Gesetzes Werke, allein durch den Glauben.« Im Grunde dreht sich der gesamte »Sendbrief vom Dolmetschen« darum, die Übersetzung dieser Stelle zu rechtfertigen. In der Vulgata heißt es *arbitramur enim iustificari hominem per fidem sine operibus legis.* Luther schreibt:»So habe ich hier Römer 3,28 sehr wohl gewusst, dass im lateinischen und griechischen Text das Wort *solum* nicht stehet, und hätten mich solches die Katholiken nicht zu lehren brauchen. Wahr ists, diese vier Buchstaben *sola* stehen nicht drinnen. Diese Buchstaben sehen die Eselsköpfe an, wie die Kühe ein neues Tor, sehen aber nicht, dass die Absicht des Textes gleichwohl das *sola* in sich hat, und wo mans klar und gewaltiglich verdeutschen will, so gehöret es hinein. Denn ich habe deutsch, nicht lateinisch noch griechisch reden wollen, da ich mir beim Übersetzen deutsch zu reden vorgenommen hatte. Das ist aber die Art unserer deutschen Sprache: Wenn sie von zwei Dingen redet, deren man eines bejaht und das andere verneint, so gebraucht man das Wort *solum* = ›allein‹ (= nur) neben dem Wort ›nicht‹ oder ›kein‹. Denn obwohl ich auch sage: ›Der Bauer bringt Korn und kein Geld‹, so klingt doch das Wort ›kein Geld‹ nicht so vollständig und deutlich, als wenn ich sage: ›Der Bauer bringt allein Korn und kein Geld‹; und hilft hier das Wort ›allein‹ dem Wort ›kein‹ so viel, dass es eine vollständige deutsche, klare Rede wird. Denn man muss nicht die Buchstaben in der lateinischen Sprache fragen, wie man deutsch reden soll, wie diese Esel tun; sondern man muss die Mutter im Hause, die Kinder auf der Gasse, den einfachen Mann auf dem Markt danach fragen, und denselben auf das Maul sehen, wie sie reden, und danach übersetzen, so verstehen sie es denn, und merken, dass man deutsch mit ihnen redet.«

Man bilde sich selbst ein Urteil. Luther selbst konzediert, dass man einen Gegensatz auch ohne dieses *allein* ausdrücken könne, die Bedeutung sei aufgrund der Gegenüberstellung die gleiche. Das zeigt, dass seine Behauptung, man müsse die Stelle in der deutschen Sprache nun einmal so übersetzen, nicht zutreffend ist. Aber die Übersetzung ist, auch das sei festgehalten, natürlich nicht falsch. In der Tat bemüht sich Luther anschließend, auf mehreren Seiten zu zeigen, dass genau dieses »sola fide« die eigentliche Botschaft des Römerbriefes ist und dass man deshalb das Wort *allein* (= nur) hinzufügen müsse. Die Revision 2017 behält das Wort bei; in der Elberfelder Übersetzung, der Zürcher Bibel, bei Zink, Menge, in der Einheitsübersetzung und anderen fehlt hingegen dieses *allein* bzw. *nur.* Was sich daraus ergibt, ist, dass Luthers Bibelübersetzung nicht nur eine sprachlich wunderbare Leistung ist. Sie ist eine Übersetzung für den Hörer und den Leser, und sie ist sein Evangelium, *seine* theologische Auffassung, die da auf Deutsch den Menschen gebracht wurde. Und weil seine sprachliche Leistung so großartig war, hatten weder Lateinlehrer noch »Buchstabilisten« gegen diesen Text eine Chance.

Katholische und andere Bibelübersetzungen zu Luthers Zeit

Die sprachliche Meisterschaft Luthers wird vielleicht am deutlichsten, wenn man sie mit den alternativen katholischen Bibeln vergleicht, die zu seinen Lebzeiten erschienen sind. Die erste von 1527 stammte von Hieronymus Emser. Luther bemerkte dazu in seinem »Sendbrief vom Dolmetschen«:»Denn wir haben ja den Sudler zu Dresden (= Emser) gesehen, der mein Neues Testament gemeistert hat ... der bekennet, daß mein Deutsch süß und gut sei. Er sah wohl, daß ers nicht besser machen konnte, und wollte es doch zuschanden machen, fuhr also zu, und nahm sich mein Neues Testament vor, fast Wort für Wort, wie ichs gemacht habe ... Nimm Dir beide Testamente vor, das des Luthers und des Sudlers, vergleiche sie miteinander, so wirst Du sehen, wer in allen beiden der Übersetzer sei.« Wenn man Emsers Übersetzung nachliest, merkt man: Es ist in der Tat Luthers Text, nur an wenigen Stellen ein klein wenig verändert.

Georg von Sachsen, ein klarer Gegner der Reformation, hatte in seinem Fürstentum Luthers Neues Testament verboten, jedoch zu Emsers Übersetzung eine Vorrede geschrieben. Darauf Bezug nehmend fuhr Luther fort:»Denn was er (=Emser) an wenigen Stellen geflickt und geändert hat, so kann ichs doch wohl leiden, obwohl mirs nicht alles gefällt, und schadet mir nicht besonders, soviel es den Text betrifft. Darum habe ich auch nie dawider schreiben wollen, sondern habe der großen Weisheit lachen müssen, dass man mein Neues Testament so gräulich verlästert, verdammt, verboten hat, weil es unter meinem Namen ausgegangen ist, (es) aber doch hat lesen müssen, dieweil es unter eines andern Namen ausgegangen ist.« Übrigens erkannte auch Georg von Sachsen die sprachliche Meisterschaft Luthers an und wünschte, dass Luther auch noch das Alte Testament übersetzen und dann zur Hölle fahren möge.

Nach Emsers Tod machte sich einer der Hauptgegner Luthers, der Ingolstädter Professor Johannes Eck, an eine Übersetzung. Er übernahm das Neue Testament weitestgehend von Emser (und damit von Luther). Seine Änderungen betrafen einmal dialektale Formulierungen (er sprach und schrieb Oberdeutsch), zum anderen die Berücksichtigung des griechischen Urtexts, einen der Punkte, die heute als besondere Leistung Luthers gewürdigt werden. Er schrieb dazu: »… wo er (= Emser) ein Lümpli aus Erasmus Translation hinzugetan hat, wovon unsere heilige christliche Kirche nichts weiß, das habe ich geändert, herausgestochen und radiert". Genau da also, wo Luther den griechischen Urtext herangezogen hat, um den Text deutlicher zu machen, »bessert« Eck zurück, weil er nur die Vulgata gelten lässt: »dass ich die Bibel von neuem nach dem buchstäblichen Sinn verdolmetsche, wie sie gesungen, gelesen, gebraucht und angekommen ist je und je von der heiligen Lateinischen Kirche: Und mich nicht kümmern lassen, wie es Jüdisch, Griechisch oder Chaldäisch lautet. … Sondern ich bin bei unserer lateinischen Kirche geblieben, die hat ohne Zweifel den rechten Text von dem unfehlbaren Meister dem heiligen Geist.« Ecks Bibel erschien zuletzt 1630 in sechster Auflage.

Die dritte und am häufigsten gedruckte katholische Bibel (erstmals gedruckt 1534, zuletzt 1776, über 100 000 Exemplare) stammte von Johannes Dietenberger. Auch er übernahm das Neue Testament mit wenigen Ausnahmen von Emser und damit von Luther. Den Versuch, das Alte Testament selbst zu übersetzen, brach er sehr bald ab und übernahm weitgehend den lutherbasierten Text von Eck. Er ergänzte den Text allerdings durch eine Fülle von Kommentaren, die sich gegen die evangelischen Ansichten richteten, auch wenn er Luthers Text wörtlich übernahm.

Wenn man also eine Sprachwirkung von Luthers Bibelübersetzung unterstellt, so zeigt sich hier, dass sie nicht auf die protestantischen Gebiete Deutschlands beschränkt war – seine Sprache wirkte auch in den katholischen Gebieten.

Die einzige deutsche Bibelübersetzung jener Zeit, die neben der Martin Luthers bis heute in Gebrauch ist, ist die Zürcher Bibel des Schweizer Reformators Huldrych Zwingli. Das Neue Testament erschien 1524, die ganze Bibel 1531, also drei Jahre vor der Vollbibel in Luthers Übersetzung. Im Gegensatz zur Lutherbibel wurde die Zürcher Bibel schon im 18. und 19. Jahrhundert überarbeitet und dem Sprachgebrauch angepasst. Die Nähe zur Sprache der Leser in der

Schweiz war schon ein wesentlicher Beweggrund für die Erstellung der Erstausgabe gewesen: Zwar folgte Zwingli im Wesentlichen Luthers Text, ersetzte aber die im Oberdeutschen unbekannten Wörter und syntaktischen Fügungen. An einigen Stellen korrigierte er auch fehlerhafte Übersetzungen. Im Laufe der Zeit verschwanden einige, aber nicht alle typisch Schweizer Ausdrücke. Bis heute gilt die Züricher Bibel unter Philologen als die textgetreueste deutsche Bibelübersetzung, die gleichzeitig am nächsten an die (Schweizer) Gegenwartssprache angepasst ist. Für die reformierte Kirche in der Schweiz ist die Züricher Bibel bis heute die maßgebliche liturgische Textgrundlage, die letzte Revision erschien 2007 und war, wie die Schweizer Presse schrieb, dort sofort ein Bestseller.

Liturgie, Katechismus und Kirchenlied

Nach 1522 begann Luther damit, das deutsche Wort der Bibel im Gebrauch der Gemeinde weiter zu festigen. Zwar war seine erste Neuordnung der Messe von 1523 in Wittenberg noch in großen Teilen lateinisch, doch folgte schon 1526 die Ausarbeitung eines rein deutschsprachigen Gottesdienstes, einer deutschen Messe, die aus Schriftlesungen, der Predigt, Kirchenliedern und dem Abendmahl bestand. Sein Entwurf hat sich zwar im Detail aus verschiedenen Gründen nicht durchgesetzt, doch sind Deutschsprachigkeit, Lesungen und Predigt sowie der Gesang der Gemeinde bis heute prägend für die Form des evangelischen Gottesdienstes.

Ebenfalls sehr bald kümmerte sich Luther um die christliche Erziehung. In seiner Schrift »An die Ratsherren aller Städte deutschen Landes, dass sie christliche Schulen aufrichten und halten sollen« von 1524 machte er Vorschläge, das Bildungswesen zu erneuern. Wesentlicher Inhalt des Unterrichts sollten Sprachen, aber auch praktische Fertigkeiten sein – immer im Zusammenhang mit der Lehre des christlichen Glaubens. Er steuerte dazu auch Lehrmaterial bei, insbesondere den Kleinen Katechismus. Dabei handelt es sich um eine Kurzfassung der gesamten christlichen Lehre. Er besteht aus fünf Hauptstücken: den Zehn Geboten, dem Glaubensbekenntnis, dem Vaterunser, der Taufe und dem Abendmahl. Sie werden in Frage-Antwort-Form erklärt. Als Beispiel soll die Erläuterung des achten Gebots dienen:

»Du sollst nicht falsch Zeugnis reden wider deinen Nächsten.
Was ist das?
Wir sollen Gott fürchten und lieben, dass wir unsern Nächsten
nicht belügen, verraten, verleumden oder seinen Ruf verderben,
sondern sollen ihn entschuldigen, Gutes von ihm reden und alles
zum besten kehren.«

Die sprachliche Wirkung des Kleinen Katechismus ist nicht zu
unterschätzen – er diente von Anfang an als verpflichtende Lehr-
grundlage. Bis weit ins 20. Jahrhundert mussten Konfirmanden ihn
auswendig lernen, wie Luther es vorgesehen hatte. Wesentliches
Merkmal des Textes ist es, dass dem negativen Punkt (du sollst
nicht …) immer eine positive Handlungsanweisung folgt.

Noch präsenter im evangelischen Gottesdienst sind bis heute die
Kirchenlieder Luthers und anderer evangelischer Dichter. Damals
war das ganz neu. Durch den eigenen Gesang wurde die Gemeinde
zum Subjekt, zum Träger des Gottesdienstes. Sie wurde aus ihrer
Passivität befreit. In allen revolutionären Bewegungen spielten Lieder
eine große Rolle und so war das Kirchenlied ein wesentlicher
Bestandteil von Luthers Reformation. Das Lied »Ein feste Burg ist
unser Gott« wird bisweilen als die Marseillaise der Reformation
bezeichnet, was nicht ganz korrekt ist – es entstand erst 1529. Aber
das Lied blieb das gesungene Bekenntnis der reformierten Kirche.
In der 5. Sinfonie von Felix Mendelssohn Bartholdy, der sogenannten
Reformationssymphonie, erklingt im Schlusssatz triumphierend und
mitreißend diese Melodie.

Von den um die 40 Kirchenliedern, die Luther geschrieben, teilweise
auch komponiert hat, sind noch viele im evangelischen Gesangbuch
vorhanden. Er nahm dabei auch vorhandene geistliche Lieder in sein
Gesangbuch auf, etwa die Osterleise »Christ ist erstanden« (eine *Leise*
ist ein Lied, das mit dem Kyrieleis endet).

Die Wirkung von Luthers Bibelsprache

Deutschland in der Lutherzeit war eine primär mündliche Kultur.
Wie konnte sich die Reformation dennoch so rasch verbreiten,
insbesondere aber Luthers Bibeltext? Er wurde auswendig gelernt. In
einer mündlichen Kultur werden Texte von Mund zu Mund weiterge-
geben. In Luthers Zeit bedeutete das durch Vorlesen, Hören und

Auswendiglernen. Von Luther selbst können wir annehmen, dass er weite Teile der Bibel (mit Stellenangabe) auswendig konnte, zuerst lateinisch, danach auch seine deutsche Bibel. Er bemerkt gelegentlich, dass der gute evangelische Christ jedenfalls die Paulusbriefe am besten auswendig können sollte. Der Buchdruck tat das Seine hinzu. Luther hatte dessen Bedeutung sehr früh erkannt und für sich nutzbar gemacht. Das flächendeckende Auswendiglernen der christlichen Botschaft in der eigenen Sprache wurde durch die rasche Verfügbarkeit abertausender Exemplare seiner Bibel deutlich befördert.

Wie oben schon gesagt, bezeichnete *lesen* für die meisten Deutschen noch zwei Jahrhunderte lang die Fähigkeit, einen bekannten Text zu lesen, und zwar laut – bekannt aber war der Text, weil man ihn (jedenfalls weitgehend) auswendig konnte. Die schriftliche Fixierung war sozusagen ein Spickzettel, eine Gedächtnisstütze. Einen unbekannten Text musste man erst entziffern, Buchstabe für Buchstabe, Wort für Wort auskauen – ihn sofort laut flüssig vorzulesen war eine besondere Kunst, die nur wenige beherrschten. Luthers Sprache blieb also nicht im gedruckten Bibeltext stecken, sie wurde gesprochen, man kannte die wichtigen Stellen aus- und inwendig. Ich drehe hier den Ausdruck *in- und auswendig* absichtlich um. Einen Text wirklich auswendig können bedeutet, dass er sich in der Seele festgesetzt hat, Teil des Wissens und Fühlens geworden ist. Ich habe schon oben den Luthergegner Cochläus zitiert, der genau das sogar für einfache Menschen bestätigt:»Etliche trugen es (= das Evangelium) mit sich im Busen herum und lernten es auswendig.« Das entsprach dem Wunsch Luthers, der 1521 in einem Brief schreibt:»Wenn doch ... dies Buch in aller Zunge, Hand, Augen, Ohren und Herzen wäre.« In diesem Sinne waren es vor allem die fett gedruckten Bibelstellen, die man auswendig kannte.

Lesen in der deutschen Muttersprache zu lernen wurde erst im Laufe der Reformation als eine wichtige Aufgabe erkannt. Einer der bekanntesten Lehrer in dieser Hinsicht war Valentin Ickelsamer aus Rothenburg ob der Tauber, der zwei der ersten deutschen Leselernbücher verfasste. Dabei ging es zunächst darum, Erwachsene lesen zu lehren (schreiben zu lernen war noch 150 Jahre lang in der Regel kein Gegenstand des Unterrichts). Sobald der Lernende über die Anfangsgründe hinaus war, las er den Katechismus, dann Bibeltexte – und das auch wieder Buchstabe für Buchstabe, Wort für Wort, Satz für Satz und lernte sie auswendig. So wurde die Bibel»das Unterrichtsbuch der Nation«.»An ihr lernt man buchstabieren, lesen, schreiben.

Kerntexte der Bibel, die Lieder, der Katechismus werden auswendig gelernt«, schreibt 1999 der wohl beste Kenner der lutherschen Sprachwirkung Werner Besch. »Entsprechend verläuft die sprachlandschaftliche Adaptation. ... Ein plurizentrisches Land erlangt Spracheinheit überregional, schriftsprachliche Einheit von den Küstenregionen im Norden bis in die Alpen.« Dies gelingt über das Vorbild eines Textes, der Bibel. Das ist ein ganz anderer Weg zur sprachlichen Einheit als etwa in Spanien, in Frankreich oder in England, wo die Sprache des Zentrums (des Hofes) als Sprachvorbild für das ganze Land diente.

Es ist ein Kennzeichen von Auseinandersetzungen über sprachliche Fragen, dass man meistens erst dann zu diskutieren beginnt, wenn sich der Diskussionsgegenstand faktisch schon erledigt hat. Im 17. und 18. Jahrhundert diskutierte man in Deutschland darüber, was denn die beste deutsche Sprache sei. Fürst Ludwig von Köthen gründete 1630 die erste deutsche Sprachgesellschaft, in der man sich um die deutsche Sprache Gedanken machte. Für den Fürsten war die Angelegenheit klar: »Lutherus hat reiner Deutsch geschrieben als kein Francke, Schwabe, Österreicher, Rheinländer oder Niedersachse, auch mancher Meissner, nie getan hat noch tun wird.« Das Zitat beschreibt mit seiner Nennung unterschiedlicher Dialektsprecher den Gegenstand der Diskussion. Was ist das richtige Deutsch, war die Frage – wo es gesprochen werde, wo geschrieben, von welchen Schriftstellern usw. Die Frage war freilich längst entschieden: Es war nicht Luthers Deutsch, sondern das Deutsch seiner Bibel, das in Deutschland nach und nach zum Maßstab für richtiges Deutsch geworden war – hier langsamer, da schneller. Am Ende des 18. Jahrhunderts war diese Diskussion abgeschlossen, Luthers Sprache als die Wurzel des neueren Deutschs anerkannt. Johann Gottfried Herder schrieb 1785 über Luther: »Er ist's, der die deutsche Sprache, einen schlafenden Riesen, aufgewecket und losgebunden; er ist's, der die scholastische Wortkrämerei, wie jene Wechslertische, verschüttet; er hat durch seine Reformation eine ganze Nation zum Denken und Gefühl erhoben.« Und nur wenig später schrieb Jakob Grimm 1822: »Luthers Sprache ... muss in ihrer edleren, fast wunderbaren Reinheit für Kern und Grundlage der neuhochdeutschen Sprachniedersetzung gehalten werden ... Unsere Sprache ist, nach dem unaufhaltbaren Laufe aller Dinge, in Lautverhältnissen und Formen gesunken ... was aber ihren Geist und Leib genährt, verjüngt, was endlich Blüten neuer Poesie getrieben hat, verdanken wir keinem mehr, als Luther.« Und der Pfarrerssohn und Atheist Friedrich Nietzsche stellte 1886 fest: »Das Meisterstück der deutschen Prosa ist deshalb billigerweise das Meisterstück ihres größten Predigers: Die Bibel war bisher das beste deutsche Buch. Gegen Luthers Bibel gehalten ist fast alles übrige nur ›Literatur‹.«

D er Text dieses »besten deutschen Buchs« blieb seit der letzten Auflage von 1545, die Luther selbst noch revidiert hatte, über 300 Jahre lang praktisch unverändert. Luther hatte seine Bibelübersetzung zu Lebzeiten ständig korrigiert und verändert. Nach seinem Tode aber wurde Luthers Wortlaut für die evangelischen Christen so sakrosankt wie für die katholischen die Vulgata. Dazu kam in der ersten Hälfte des 18. Jahrhunderts ein eher technischer Faktor. Der Freiherr von Canstein gründete zusammen mit August Hermann Francke in Halle 1710 eine Bibeldruckanstalt mit der neuen Technik des Stehsatzes. Dabei wurden die Druckplatten aufbewahrt und unverändert Auflage für Auflage wieder verwendet. Dadurch konnte der Preis für eine Bibel (auch durch den Verzicht auf die vorher üblichen Bilder) in unglaublicher Weise gesenkt werden, es konnten immer weitere Exemplare gedruckt werden. 1775 vermeldete die Bibelanstalt, dass über eine Million Vollbibeln und dazu 700 000 Exemplare des Neuen Testaments in den letzten 30 Jahren verkauft worden seien; 100 Jahre später ist von knapp sechs Millionen Exemplaren die Rede.

Die Technik des Stehsatzes forderte jedoch ihren Tribut: Größere Veränderungen des Textes waren nicht ohne große Kosten möglich. Auch wenn die Drucktechniken sich später weiter entwickelten, blieb Luthers Bibel bis zur zweiten Hälfte des 19. Jahrhunderts im Wortlaut nahezu unverändert, es wurden lediglich einige altertümliche Wörter und syntaktische Fügungen dem neueren Sprachgebrauch angepasst. Die größte Änderung brachte die Orthografierefom von 1901, die in der Ausgabe von 1912 umgesetzt wurde.

D er deutsche Bibeltext nach Luther veränderte sich also vier Jahrhunderte lang kaum. Auch die Lehr- und Lernmethoden in Schule und evangelischer kirchlicher Erziehung (Konfirmandenunterricht) blieben die gleichen. Christliche Erziehung bestand im evangelischen Bereich nach wie vor darin Kinder dazu zu bringen, den Katechismus, Kirchenlieder und die wesentlichen Bibelstellen auswendig zu können – und das heißt, in Luthers Sprache. Es wurde dabei ein Sprachduktus erworben, der sich von der Alltagssprache deutlich unterschied, der aber, weil man ihn »in- und auswendig« kannte, zum Teil des eigenen Sprachbesitzes wurde.

Das Wort wir wollen lassen stan?
Luthers Bibeldeutsch heute

Sprachen verändern sich; wenn sie sich nicht mehr verändern, sind sie tot. Deshalb ist es nicht verwunderlich, dass Luthers unveränderter Bibeltext im Laufe der Zeit nicht mehr der Standardsprache entsprach. Mehr und mehr nahm der Text einen Rang ein, wie ihn die Vulgata in der katholischen Kirche eingenommen hatte. Das kritisierte schon in der zweiten Hälfte des 17. Jahrhunderts der pietistische Theologe Philipp Jakob Spener, andere im 18. Jahrhundert nach ihm; der Bibeltext aber blieb unverändert. Mit der sogenannten Elberfelder Bibel, die 1855 und 1871 (erst das Neue, dann das Alte Testament) im Zuge der Brüderbewegung erschien, wurde der Versuch einer kompletten Neuübersetzung gemacht. Das Ziel war einerseits Wörtlichkeit: Übersetzungsfehler und allzu freie Passagen der Lutherübersetzung wurden revidiert. Andererseits bemühte man sich, sprachlich die gehobene Standardsprache der Zeit zu verwenden. Die Übersetzung wurde immer wieder überarbeitet und ist auch heute noch im Druck, konnte allerdings nie auch nur annähernd die Verbreitung der Lutherbibel erreichen.

In Preußen wurde die evangelische Kirche Staatskirche. Dem autoritären Staat kamen die folgenden Paulusworte sehr zupass: »Jedermann sei untertan der Obrigkeit, die Gewalt über ihn hat. Denn es ist keine Obrigkeit, ohne von Gott; wo aber Obrigkeit ist, die ist von Gott verordnet« (Römer 13,1) – ein Vers, auf den auch Luther gerne Bezug nahm. In einer solchen Umgebung war die Idee, Luthers Text zu verändern, fehl am Platze. Das blieb so bis 1945. Danach gab es eine Reihe von Versuchen, Luthers Bibel neu und zum Teil in modernes Deutsch zu übertragen (neben der Elberfelder Bibel z. B. von Hermann Menge und Jörg Zink). Daneben bemühte sich die evangelische Kirche selbst um eine Aktualisierung des für den Gottesdienst verbindlichen Texts der Lutherbibel. Diese Revision erschien 1975. Ziel des Textes war es, Wortwahl und Satzbau der geschriebenen Standardsprache anzupassen. Obwohl die Veränderungen des Textes durchaus nicht revolutionär waren, gab es gegen dieses sogenannte Eimertestamtent (siehe *sein Licht unter den Scheffel stellen*, Seite 85) Proteste. In einem berühmten Zeitungsartikel (Die ZEIT vom 17.12.1976) bezeichnete der Thüringer Rhetorikprofessor Walter Jens den Text der Revisionsbibel von 1975 unter dem Titel »Mord an Luther« mit Ironie und sprachlicher Brillanz als misslungen: »Misslungen vor allem wegen seiner Halbherzigkeit. Misslungen, weil man dem Text seinen Geist nahm: den bezwingenden Rhythmus der Predigt.« Jens schließt mit einer Anspielung auf ein Lutherwort zur Rolle der Predigt: »Wo Luther die Zitzen heraushängen ließ, ist Flaschenmilch abgefüllt worden.«

Aufgrund der Proteste wurde der Bibeltext erneut einer Revision unterzogen, die 1984 erschien, viele der Veränderungen zurücknahm und insgesamt wieder näher am Luthertext war. Diese Revision wurde in einem sehr langen Prozess seit Beginn unseres Jahrhunderts erneut bearbeitet; die Revisionsbibel 2017 erschien im Oktober 2016.

Wie viele andere war Walter Jens der Ansicht, dass die Anpassung an die Standardsprache die sprachliche Meisterschaft Luthers zerstöre. Nun ist freilich die Bibel für den Christen nicht in erster Linie ein Stück verehrungswürdiger Literatur, in einer Reihe mit, sagen wir, Lessings »Nathan«, Goethes »Faust«, Thomas Manns »Buddenbrooks« oder Brechts »Mutter Courage«. Sinn der Bibel und von Luthers Übersetzung war und ist es, die christliche Botschaft zu vermitteln.

An einem Beispiel soll deutlich gemacht werden, wo das Problem liegt. Wählen wir eine Bibelstelle, die vermutlich den meisten Lesern nicht unbedingt vertraut ist. Im Brief des Paulus an Titus (2,11–14) steht in Luthers Text (für den Zusammenhang zitiere ich etwas ausführlicher):

»Denn es ist erschienen die heilsame Gnade Gottes allen Menschen und züchtigt uns, daß wir sollen verleugnen das ungöttliche Wesen und die weltlichen Lüste, und züchtig, gerecht und gottselig leben in dieser Welt und warten auf die selige Hoffnung und Erscheinung der Herrlichkeit des großen Gottes und unsers Heilandes, Jesu Christi, der sich selbst für uns gegeben hat, auf daß er uns erlöste von aller Ungerechtigkeit und reinigte sich selbst ein Volk zum Eigentum, das fleißig wäre zu guten Werken.«

Wenn man die Lutherbibel und ihre Sprache kennt, dann kann man mit etwas Mühe das meiste verstehen. Konzentrieren wir uns auf

Vers 14. In der Vulgata steht, dem Griechischen folgend:

> »… qui dedit semet ipsum pro nobis ut nos redimeret ab omni iniquitate et mundaret sibi populum acceptabilem sectatorem bonorum operum«

Was bedeutet dieser Vers, was heißt »reinigte sich selbst ein Volk zum Eigentum«? Vielleicht hat die Revision 2017 das besser gemacht?

> »… der sich selbst für uns gegeben hat, damit er uns erlöste von aller Ungerechtigkeit und reinigte sich selbst ein Volk zum Eigentum, das eifrig wäre zu guten Werken.«

Da ist wenig bis gar nichts sprachlich so gefasst, dass es der heutigen Sprache wirklich näher käme. Vor allem ist »reinigte sich selbst ein Volk zum Eigentum« schlechterdings kein Deutsch – ich wage zu bezweifeln, dass es das zu Luthers Zeit war. Die Züricher Bibel schreibt etwas klarer:

> »… der sich selbst für uns hingegeben hat, um uns zu erlösen von aller Ungerechtigkeit und sich als sein Eigentum ein reines Volk zu erschaffen, das nach guten Werken strebt.«

Na gut, ein bisschen besser, aber auch nicht so recht überzeugend. Schlagen wir einmal die Volxbibel auf, da lesen wir:

> »Er hat sich für uns abschlachten lassen, damit wir von den ganzen bösen Sachen und von unserer Schuld befreit werden. So sind wir zu seinen Leuten geworden, seinem Volk, und wir sind total bereit, alles für ihn zu geben.«

Man muss das nicht gut finden, zum Teil ist das richtig misslungen. Der Text geht zugunsten einer reinen Predigt viel zu weit weg von der Vorlage. Aber er verdeutlicht, was die obskure Formulierung »reinigte sich selbst ein Volk zum Eigentum« verschleiert. Es geht übrigens auch anders, näher am Text und an der deutschen Sprache, wie die Einheitsübersetzung von 1979 zeigt:

> »Er hat sich für uns hingegeben, um uns von aller Schuld zu erlösen und sich ein reines Volk zu schaffen, das ihm als sein besonderes Eigentum gehört und voll Eifer danach strebt, das Gute zu tun.«

»Ah es ist das Dolmetschen ja nicht eines Jeglichen Kunst« seufzte Luther, und eine Übersetzung für alle wird es wohl nie geben. Allerdings kann man im Sinne der neueren Übersetzungstheorien auch danach fragen, welchen Sinn eine Übersetzung verfolgt: Soll sie mehr den ursprünglichen Text wiedergeben, soll sie den Leser von der Botschaft des Textes überzeugen, soll sie den Sprachgewohnheiten folgen, soll sie liturgisch verwendbar sein … Vor einigen Jahren erschien eine Neuauflage eines viersprachigen Neuen

Testaments, die erstmals 1858 erschienen war. Sie zeigte nebeneinander den griechischen, den lateinischen und den Text von Luther, dazu den der King James Bibel. Das wäre vielleicht ein Weg, der viele zufriedenstellen könnte: Statt der St. James Bibel eine Übersetzung, die wirklich die Gegenwartssprache benutzt, rechts neben Luthers Text.

Wir sind unversehens in der Gegenwart angekommen. Was würde Luther zu all dem sagen, was hier über seine Sprache überlegt wurde und in Abertausenden von Publikationen zum 500. Jahrestag seines Thesenanschlags geschrieben wurde? Man weiß es nicht. Ich habe versucht zu zeigen, dass Luther gewiss nicht die deutsche Schriftsprache geschaffen hat, dass aber vor allem seine Übersetzung der Bibel unsere Sprache bis heute prägt. »Die Rolle Luthers in der deutschen Sprachgeschichte« hat Werner Besch in seinem Heidelberger Akademievortrag von 1999 klar und bündig zusammenfasst und mit einem schönen Bild beendet, dass ich gerne übernehmen will. »Auf Altarbildern des Mittelalters ist zuweilen der Stifter klein und am Rande, meist kniend, abgebildet. So sehe ich die Rolle Luthers in der deutschen Sprachgeschichte. Fast möchte ich meinen, er würde mir zustimmen.«

lis z terra noiaf: vt det vobis km diui=
tias glie sue virtute corroborari per spm
ei⁹ in interiori boie:rpm habitare p fide
cordib⁹ vris.in cbaritate radicati z funda=
ti, vt possitis cōprebēdere cū oib⁹ sctis z
sit latitudo z lōgitudo z sublimitas et p=
fundū. Scire etiā supemiuēte scietie cba=
ritate rpi: vt ipleamini i dez plenitudinē
dei. Ei aūt q potes ē oia facere supabun
dāter q petim⁹ aut intelligim⁹ sz virtute
z opat i nobis:ipi glia i ecclia q i rpo ie
su oēs gnationes seculi seculoz. Amen.
¶E.S. Instruit apostolus epbesios ad seruan=
dem vuitate ecclesiasticam in conuexione et di
stinctione membrozum ac deinde inducit ad mo
rum bonestatem. Kapitulum.iiii.

Bsecro itaq̃ vos ego vin
ctus in dño: vt digne am
buletis vocatione q voca
ti estis: cū oi builitate
et māsuetudine cū pati
entia supportātes inui
cem in cbaritate solliciti
seruare vnitate spiritus
in vinculo pacis. Unū corpus z vn⁹ spi
ritus: sicut vocati estis:i vna spe vocatio
nis vestre. Un⁹ dñs:vna fides:vnum ba
ptisma. Un⁹ deus z pf oim, q sup oēs,et
per oia z i oib⁹ nobis. Uuicuiq̃ aūt nfz
data est gra bm mesura dōnatiōis christi
propter qd dicit. Ascēdens in altū capti
uā duxit captiuitate:dedit dona boibus.
Qd aūt ascēdit:qd est nisi:qz z descēdit
primū in iseriōres ptes terre? Qui descē=
dit ipe est z q ascēdit sup oēs celos:vt ad
impleret oia? Et ipe dedit quosdā qdem
apostolos:quosdā aūt ppbetas alios vo
euāgelistas:alios ā pastozes z doctozes
ad cōsummationē sctōz i op⁹ miuisterij
in edificationē corpozis rpi:donec occur
ramus oēs i vnitate fidei z aguitionis fi
lij dei:in virū pfectū:in mesurā etatis ple
nitudinis rpi:vt iā nō sim⁹ paruuli flu
ctuātes et circūferamur oi vēto doctrine,
i nequitia boim/iā astutia ad circūuen
tione errorit. Ueritate aūt facietes i cba
ritate crescam⁹ i illo p oia qui est caput:
christus,ex quo totū corpus cōpactū z cō
nexū per oēm iuucturā subministratio
nis,bm operationem iu mensurā vuius=
cuiusq̃ mēbri augmentū corpozis facit:
in edificationē sui in cbaritate. Hoc igi
tur dico:et testificoz in dño: vt iam nō
ambuletis sicut et gentes ambulāt in va
nitate seusus sui:tenebzis obscuratū:iba=
bentes iutellectū:alienati a via dei per

ignozātiā:q est in illis propter cecitatem
cordis ipsozum q desperātes semetipsos
tradiderūt ipudicitie.in operatiōe imū
dicie oia.s auaricia. Uos aūt non ita di
dicistis christū:si tn illū audistis: z ipso
edocti estis:sicuti est veritas i iesu:depo
nite⁹ vobis bm pristinā cōuersatione vete
rem boiem:q cōrūpit tm besideria er
rozis. Renouamini aūt spū mentis vfe:
et iduite nouū boiem:q bm dei creatus
est i iusticia z scitate veritatis. Propter
quod deponentes mēdaciuz loquimini
veritate vnusquisq̃ cū prorimo suo: qm
sumus inuicem membra. Irascimini: et
nolite peccare. Sol nō occidat super ira
cūdiam vsam. Nolite dare locū diabolo.
Qui furabat:iam ipo furetur:magis aūt
laboret operādo manibus suis qd bonū
est: vt babeat vnde tribuat necessitatē
patienti. Ois sermo malus er ore vro nō
procedat:sed si qs bon⁹ est qd edificatio
ne sidei: vt det grām audientib⁹? Et noli
te contristare ipm sctm dei in quo signati
estis in die redēptiōis. Ois amaritudo et
ira z iudignatio z clamoz et blaspbemia
tollaf a vobis cum omni malicia. Estote
aūt iuicē benigni: misericordes:donātes
inuicē:sicut z de⁹ i rpo dowauit vobis.
¶E.S. Aptē inducit epbesios ad sequendum
cbristum in sauore cbaritatis:in decore sanctita
tis:ac veritate cognita:z instruit personas in
ctas matrimonio. Kapitulum.v.

Stote ergo imitatores
dei sicut filij cbarissimi
z ambulate in dilectio
ne:sicut z rpus dilerit
nos:z tradidit semetip
sum p nobis oblatio
nem et bostiam deo in
odore suauitatis. For
nicatio aūt z ois imūdicia aut auaricia
nec noietur iu vobis:sicut decet sanctos
aut turpitudo:aut stultiloquiū:aut scur
rilitas: que ad rē non pertinet: sz magis
grāruactio. Hoc eni scitote intelligentes
q ois fornicator:aut imūdinus: aut aua
rus quod est idolozit seruit⁹:nō babet be
reditate in regno cbristi z dei. Nemo vos
seducat inauibus verbis:propter bec eni
venit ira dei in filios diffidentie. Nolite
ergo effici participes eozum. Eratis eni
aliquando tenebze:nunc autem lur i do
mino? Ut filij lucis ambulate. Fructus
enim lucis est in omni bonitate et iusti
cia et veritate probātes quid sit benepla
citum deo. Et nolite cōmunicare operib⁹

Wörterbuch

*Luthers
Handexemplar
der Vulgata*

Mit handschriftlichen
Randglossen,
entstanden 1521–23
auf der Wartburg

Abendmahl

Als ich vor vielen Jahren in Süddeutschland eine katholische Familie besuchte, fragte mich die Hausfrau, ob ich nicht am nächsten Tag zum Abendmahl kommen wolle. Als sie meine irritierte Miene sah, meinte sie lachend: »zum Abendessen meine ich«. Auf einer Internetseite fand ich den Satz »Ein gesundes Abendmahl sollte folgende Nahrungsmittel einschließen: ...«. Der Duden bezeichnet diesen Gebrauch des Begriffs gleichwohl als »gehoben, veraltend«.

Für die täglichen Mahlzeiten gibt es in den deutschen Sprachregionen unterschiedliche Ausdrücke. Norddeutsch ist *Abendbrot* vorherrschend, süd- und westmitteldeutsch *Abendessen*, süd(west)deutsch *Nachtessen*, österreichisch *Nachtmahl*, schweizerdeutsch *Znacht*; dazu gibt es weitere regionale Ausdrücke wie zum Beispiel *Abendmahl*. Auch in Luthers Bibelübersetzung findet sich der Ausdruck *Abendmahl* in der einfachen Bedeutung von *Abendessen*: »Es war ein Mensch, der machte ein großes Abendmahl und lud viele dazu ein ... Ich sage euch aber, daß der Männer keiner, die geladen waren, mein Abendmahl schmecken wird« (Lukas 14,16/24). Im griechischen und im lateinischen Text steht hier nur *deipnon mega / coena magna*, »großes Mahl«.

In seinen theologischen Schriften aber bezeichnete Luther mit *Abendmahl* das letzte Mahl Jesu mit seinen Jüngern am Tag vor seiner Gefangennahme sowie die daraus abgeleitete sakrale Handlung im Gottesdienst, z. B.: »Wenn Ihr nun zusammenkommt, so hält man da nicht des Herrn Abendmahl« (1. Korinther 11,20). Im griechischen Text steht der auf Christus bezogene Begriff *kyriakon deipnon*, im lateinischen *domenica coena*, wörtlich »Königs-, Herrenmahl«. Dabei ist der Anklang von *Abendmahl* an das Wort *Gastmahl* durchaus beabsichtigt, denn im christlichen Abendmahl lädt Christus die Gläubigen an seinen Tisch ein: »Das ist mein Leib, der für euch gegeben wird, ... Dieser Kelch ist der neue Bund in meinem Blut, das für euch vergossen wird!« (Lukas 22,19–20, Revision 2017).

Sowohl zwischen der evangelischen und der katholischen Kirche als auch innerhalb des Protestantismus gab und gibt es Auseinandersetzungen um die rechte Form und Bedeutung des Sakraments, die sich auch in den Bezeichnungen spiegeln – *Eucharistie* (»Danksagung«), *Abendmahl, Herrenmahl, heilige Kommunion, Altarssakrament, allerheiligstes Sakrament, Brotbrechen, heilige* oder *göttliche Liturgie*.

anfahren

Wenn ich unterwegs an einer Ampel mit dem Auto recht ruckhaft anfahre, was leider nicht selten passiert, werde ich bisweilen von meiner
dösenden Frau angefahren: »Geht das nicht etwas sanfter?« Immerhin
habe ich dabei noch nie jemanden angefahren, und wenn ich später für
den Garten neue Erde anfahre, ist meine Frau wieder ganz glücklich.

Wie das Beispiel zeigt, haben Verben mit Präfixen wie *an-, ab-, auf-,
aus-* usw. oft viele verschiedene Bedeutungen. In der Schulgram-
matik werden Präfixe oft sehr irreführend als Vorsilben bezeichnet. Sie
sind meist aus einer Präposition abgeleitet, die im Kern eine lokale Bedeutung hat, welche aber in den Zusammensetzungen oft nicht mehr
spürbar ist. Hinzu kommt, dass auch der zweite Bestandteil eines solchen Präfixverbs oft seine ursprüngliche Bedeutung verloren hat, wie
auch im vorliegenden Fall: In der Bedeutung *jemanden mit Worten anfahren* ist der ursprüngliche Wortsinn von *fahren* nicht mehr vorhanden, sondern ist nur noch als Metapher verständlich. Luther verwendete diese Wendung mehrfach:»Und Petrus nahm ihn zu sich, fuhr ihn an
und sprach: Herr, schone dein selbst; das widerfahre dir nur nicht!«
(Matthäus 16,22).»Da wurden Kindlein zu ihm gebracht, daß er die Hände auf sie legte und betete. Die Jünger aber fuhren sie an. Aber Jesus
sprach: Lasset die Kindlein zu mir kommen« (Matthäus 19,13–14). Das
lateinische Verb *increpare* hatte schon im klassischen Latein diese Bedeutung; im Deutschen gab es vor Luther keine Belege für *anfahren* in
diesem Sinne. Mit einem anderen Verb, aber mit ganz ähnlicher Bedeutung, übersetzte er *increpare* im 1. Buch Samuel 25.14:»David hat Boten
gesandt aus der Wüste unsern Herrn zu grüßen, er aber schnaubte sie
an« (lateinisch *aversatus est ad eos*).

Auch von Luther wurde das Verb *anfahren* nicht nur in der eben be-
sprochenen Bedeutung verwendet. An anderer Stelle übersetzte er mit
anfahren das lateinische Verb *applicare*:»Und da sie hinüber gefahren
waren, kamen sie in das Land Genezareth und fuhren an« (Markus 6,53).
In der Revision 2017 heißt es:»Und als sie hinübergefahren waren ans
Land, kamen sie nach Genezareth und legten an.«

Arbeit

»Uns ist in alten maeren wunders vil geseit, von helden lobebæren, von großer arebeit«. So beginnt eines der größten Zeugnisse mittelalterlicher Literatur, das Nibelungenlied. In alten Geschichten wird uns viel Wunderbares erzählt: von ruhmreichen Helden und großer – Arbeit? In meinen Vorlesungen habe ich diese Stelle besonders oft herangezogen, um zu zeigen, dass man bei älteren Texten aufpassen muss, ob die irgendwie erkannten Wörter denn auch im heutigen Sinne zu verstehen sind – oft sind sie das nicht. Im Mittelhochdeutschen bedeutete *ar(e)beit* nichts anderes als »Mühsal«. Dem mag auch heute noch mancher zustimmen, wenn er an seine eigene berufliche Tätigkeit denkt. Doch inzwischen hat der Begriff längst die sehr technische Bedeutung »schaffende Tätigkeit« angenommen.

Die alte Bedeutung von Arbeit als Mühsal scheint noch anzuklingen in Luthers Übersetzung von Psalm 90,10: »Unser Leben währet siebzig Jahre, und wenn's hoch kommt, so sind's achtzig Jahre, und wenn's köstlich gewesen ist, so ist es Mühe und Arbeit gewesen.« Dabei ist der Bibelvers nicht so zu verstehen, dass ein Menschenleben, das nur »Mühe und Arbeit« war, eine eher triste Angelegenheit gewesen sein muss – vielmehr war es genau deswegen köstlich, *weil* es Mühe und Arbeit gewesen ist. Dementsprechend wurde von Luther das Wort *Arbeit* an vielen Stellen seiner Bibelübersetzung und auch in seinen Schriften schon im heutigen Sinne als schaffende Tätigkeit benutzt, z. B. in Nehemia 4,9: »Da aber unsre Feinde hörten, daß es uns kund war geworden und Gott ihren Rat zunichte gemacht hatte, kehrten wir alle wieder zur Mauer, ein jeglicher zu seiner Arbeit« (es geht da um den Wiederaufbau der Mauer Jerusalems). In einer Predigt zum Sonntag Septuagesimae heißt es: »Aber natürlich ist's Unrecht, gleichen Lohn zu geben, wo ungleiche Arbeit ist.«

Die Revision 2017 benutzt in der Übersetzung von Psalm 90 das Wort *Arbeit* nicht mehr. Es heißt da: »… und was daran köstlich scheint, ist doch nur vergebliche Mühe«; allerdings wird in einer Fußnote Luthers Übersetzung zitiert.

 » Siehe auch *Beruf, Buße, Lückenbüßer*

barmherziger Samariter

»Am 24. Juni 1859 fand die grauenhafte Schlacht von Solferino statt, die über 40 000 Tote und Verwundete forderte. Sie war der große Wendepunkt im Leben Henry Dunants, bildete sie doch den Anlass für seine endgültige Hinwendung zu einer Berufung, die ihn in der Geschichte der Menschlichkeit als den barmherzigen Samariter und großen Friedensfreund eingehen ließ« (St. Galler Tagblatt, 23. 6. 1999).

Ist *barmherziger Samariter* eine Prägung von Luther? Lesen wir nach. Als nach dem Evangelium von Lukas (10,30–37) Jesus gefragt wurde »Wer ist mein Nächster?«, da erzählte er die Geschichte von einem Mann, der überfallen, ausgeraubt und liegen gelassen wurde. Ein Priester ging vorbei, danach ein Levit (auch ein Geistlicher); beide ließen ihn liegen. »Ein Samariter aber reiste und kam dahin, und da er ihn sah, jammerte ihn sein, ging zu ihm, verband seine Wunden … und führte ihn in die Herberge, und pflegte sein.« Am nächsten Tag gab der Samariter dem Wirt bei seiner Abreise Geld, um den Überfallenen weiter zu pflegen. Am Ende fragte Jesus seinen Zuhörer, wer unter den dreien für den Überfallenen der Nächste gewesen sei. Der Befragte antwortete: »Der die Barmherzigkeit an ihm tat. Da sprach Jesus zu ihm: So gehe hin und tue desgleichen.«

In Luthers Text kommt der Ausdruck *barmherziger Samariter* nicht vor. Es gibt gute Gründe dafür, anzunehmen, dass *barmherziger Samariter* schon zu Luthers Zeit ein fester Begriff war. Er ging in seinen Predigten häufig auf dieses Gleichnis ein und verwendete dabei diesen Ausdruck: »Wenn ich meinen Nächsten in Not und Gefahr seines Leibes und Lebens sehe, darf ich nicht an ihm vorübergehen, wie der Priester und Levit im Gleichnis vom barmherzigen Samariter, und ihn liegen und verderben lassen« (Predigt zum Kirchweihtag).

Eher verstörend wirkt auf mich, dass neuerdings häufig zu hören ist, dass man eben kein barmherziger Samariter sei oder sein könne – selbst wenn es um Dinge wie Altenpflege, Krankenfürsorge, Hilfe für Flüchtlinge oder Ähnliches geht. Verstörend daran ist nicht, dass man die Lage klar und kühl analysiert, sondern dass man das biblische Beispiel und die Lehre daraus für sich selbst und für gesellschaftliche Aufgaben als irrelevant ansieht.

Barmherzigkeit

Papst Franziskus hat das Jahr 2016 als das Jahr der Barmherzigkeit für die katholische Kirche ausgerufen. Sieben leibliche und sieben geistige Werke der Barmherzigkeit gibt es in der christlichen Lehre. Werke der leiblichen Barmherzigkeit sind es, Hungrige zu speisen, Durstige zu tränken, Nackte zu kleiden, Fremde aufzunehmen, Gefangene und Kranke zu besuchen und Tote zu bestatten. Die geistigen Werke der Barmherzigkeit sind die folgenden: Unwissende zu lehren, Zweifelnden zu raten, Betrübte zu trösten, Irrende zurechtzuweisen, Lästige zu ertragen, Beleidigern zu verzeihen und für die Lebenden und die Toten zu beten. Diese Liste zeigt, dass Barmherzigkeit kein unbestimmtes Gefühl meint, sondern ganz konkrete Taten, die zudem nicht an eine spezielle Religion gebunden sind.

Dass das deutsche Wort *Barmherzigkeit* sehr alt ist, verwundert nicht, handelt es sich doch um einen der Kernbegriffe des christlichen Glaubens. Schon im 8. Jahrhundert übersetzten Mönche das lateinische Wort *miser(i)-cor-dia* wörtlich mit *arm-herz-ida*, »arm-herz-heit«, »Herz für die Unglücklichen/Armen«. Im Mittelhochdeutschen trat das *b* dazu, weil ein Zusammenhang mit der Bedeutung des Verbs *barmen*, »Mitgefühl erregen«, empfunden wurde. Luther freilich gab dem Wort einen tieferen, neuen (oder in seiner Theologie alten) Sinn: Die eigentliche Barmherzigkeit sei die Barmherzigkeit Gottes dem sündigen Menschen gegenüber. »Seid barmherzig, wie auch euer Vater barmherzig ist« (Lukas 6,36). Barmherzig zu sein ist also eine Pflicht jedes Menschen als Spiegel der Barmherzigkeit Gottes, nicht aber eine Eigenschaft, mit der sich durch gute Taten das Himmelreich erkaufen lässt. In diesem Sinne wird der Begriff auch in anderen Religionen wie dem Islam gebraucht. Jede Sure des Koran beginnt mit der Anrufung »im Namen Gottes, des Erbarmers, des Barmherzigen«, und in Sure 7,156 heißt es von Gott: »Und meine Barmherzigkeit umfasst alle Dinge«. Auch im Kreise hinduistischer Religionen ist die Vorstellung von der Barmherzigkeit Gottes zentral, z. B. in der Lehre des Kundalini-Yoga.

Beruf

Vor gut 20 Jahren wurde ich auf eine Professur berufen, nachdem das Berufungsverfahren abgeschlossen war – aber war ich auch berufen für dieses Amt? Und immer wieder bin ich unschlüssig, wenn in Formularen nach meinem Beruf gefragt wird: Bin ich Rentner, Sprachwissenschaftler, Sprachdidaktiker, emeritierter Professor?

Die Mehrdeutigkeit von Wörtern wie *Beruf, berufen, Berufung* usw. geht in der Tat auf Luther zurück. Er übersetzte im Sinne des Sprachgebrauchs seiner Zeit das lateinische *vocatio* als Berufung durch Gott und verwendete das Wort *Beruf* auch für den Stand (Knecht, Ritter), das Amt (Priester, Bischof) und die Funktion des Menschen in der Welt, z. B. auch in der Familie (Vater, Ehefrau). Weil für Luther jeder Beruf auch eine Berufung Gottes war, gab es auch die Berufung zum Christsein. Die folgende Bibelstelle macht das deutlich (1. Korinther 7,20–22): »Ein jeglicher bleibe in dem Ruf, darin er berufen ist. Bist du als Knecht berufen, sorge dich nicht; doch kannst du frei werden, so brauche es viel lieber. Denn wer als Knecht berufen ist in dem Herrn, der ist ein Freigelassener des Herrn; desgleichen, wer als Freier berufen ist, der ist ein Knecht Christi.« Das Wort *Ruf* in der Ausgabe letzter Hand von 1545 wurde schon im 17. Jahrhundert durch *Beruf* ersetzt, was das Verständnis der Stelle nicht eben vereinfacht. Denn schon Luther selbst merkte in seinen Kommentaren zu den Apostelbriefen an: »und ist zu wissen, das dis wörtlin / ruff / hie nicht heisze den stand, darinnen jemand beruffen wird / wie man sagt / Der ehestanc ist dein ruff / der priesterstand ist dein ruff / und so fort an ein jeglicher hat seinen ruff von Gott. Von solchem ruff redet hie S. Paulus nicht / Sondern er redet von dem Euangelischen ruff / das also viel sey gesagt / Bleibe in dem ruff darinnen du beruffen bist / das ist / wie dich das Euangelion trifft / und wie dich sein ruffen findet / so bleibe.« Dementsprechend heißt es in der Revision 2017: »Ein jeder bleibe in der Berufung, in der er berufen wurde.« Luther benutzte an vielen anderen Bibelstellen (z. B. 1. Korinther 1,26 oder Epheser 1,18) das Wort *Beruf* im Sinne von Berufung als Christ. Deshalb verwenden neuere Bibelübersetzungen auch dort stets das Wort *Berufung* bzw. das Verb *berufen sein*. In seinen Schriften und Predigten verwendete Luther in der Regel Begriffe wie *Stand, Beruf* oder *Amt*, wenn von der weltlichen Tätigkeit die Rede war. Heute steht das Wort *Beruf* ausschließlich für die »Tätigkeit zum Gelderwerb«.

» Siehe auch *Arbeit*

mit Blindheit geschlagen sein

Zugegeben, ich verlege viele Dinge und bin zeit meines Lebens auf der Suche – weniger nach dem Sinn des Lebens als vielmehr nach den verlegten Gegenständen. Erschwerend kommt freilich hinzu, dass ich oft das, was ich suche, einfach nicht sehe, obwohl es vor meiner Nase liegt. Meine Frau pflegt dann zu sagen, ich sei mal wieder von Blindheit geschlagen.

Das Wort *Blindheit* verwendete Luther in vielen Schriften, um diejenigen zu kennzeichnen, die das Evangelium nicht (in seinem Sinne) verstanden. Auch die Redewendung *mit Blindheit geschlagen* findet sich mehrfach in seiner Übersetzung des Alten Testaments, etwa als der rechtschaffene Lot, Neffe des Erzvaters Abraham, sich vor den gottlosen Sodomitern in seinem Haus in Sicherheit bringt: »Und die Männer vor der Tür wurden mit Blindheit geschlagen, klein und groß, bis sie müde wurden und die Tür nicht finden konnten« (1. Mose 19,11). Ähnlich heißt es im 2. Buch der Könige 6,18: »Und da sie zu ihm hinabkamen, bat Elisa und sprach: HERR, schlage dies Volk mit Blindheit! Und er schlug sie mit Blindheit nach dem Wort Elisas.« In diesen Bibelstellen schlägt Gott Menschen mit Blindheit, um andere zu schützen, in anderen aber auch, um einen, der ihn nicht anbetet, zu bestrafen (5. Mose 28,28 f.): »Der Herr wird dich schlagen mit Wahnsinn, Blindheit und Rasen des Herzens«.

In seinen Predigten benutzte Luther die Wendung auch zur Wiedergabe von Bibelstellen, die er selbst anders übersetzt hatte, z. B. wenn er in seiner Schrift »Vom unfreien Willen« auf 2. Korinther 4,3 verweist und die Stelle so zitiert: »Wenn unser Evangelium verhüllt ist, so ist es in denen verhüllt, die verloren gehen, deren Herzen der Gott dieser Welt mit Blindheit geschlagen hat« – im Bibeltext schreibt er vom verblendeten Sinn.

Blindheit war in früheren Zeiten ein noch härteres Los als heute; barbarische Strafen wie das Blenden oder Ausstechen der Augen zeugen davon. Im heutigen Sprachgebrauch fehlt der Redewendung *mit Blindheit geschlagen sein* das Schreckliche und auch der Gottesbezug. Man ist mit Blindheit geschlagen, wenn man das Offensichtliche nicht wahrnimmt, obgleich man keineswegs blind ist. Ursachen dafür werden freilich durchaus genannt. So kann man wegen Liebe, Gier oder wegen seiner politischen Überzeugungen mit Blindheit geschlagen sein.

Bluthund

Die Hunderasse, die wir heute, aus dem Englischen übernommen, *Bluthund* nennen, gab es auch schon in der Lutherzeit Diese Hunde haben eine außergewöhnlich gute Nase und wurden schon damals vor allem zur Fährtensuche eingesetzt. Mit ihren langen Schlappohren sind es ausgesprochen liebe Tiere. Und da sitze ich nun in einer Gaststätte und lese »Bluthund« auf der Speisekarte! Ich frage nach und erfahre, dass dieses Gericht eine Blutwurst aus Naturdarm ist. Warum schreiben sie dann nicht gleich »Himmel un Äad« denkt sich der Rheinländer. Er bemüht sich, nicht an Gustav Noske zu denken, der mit dem Satz »Einer muss den Bluthund machen« die militärische Leitung bei der Niederschlagung des Spartakusaufstands 1920 übernommen hatte. Da meinte das Wort in der Tat etwas ganz anderes als die friedliche Hunderasse mit dem ausgeprägten Spürsinn.

Aber es ist diese Bedeutung eines Menschen, der nach Blut dürstet, die sich bei Luther vielfach findet. »Heraus, heraus, du Bluthund, du heilloser Mann!« heißt es in 2. Samuel 16,7 in der Geschichte von der Flucht Davids vor Saul, und im »Sendbrief von dem harten Büchlein wider die Bauern« schrieb Luther über einen Fürsten: »… denn du bist ein Bluthund und aufrührerischer Mörder und Verderber des Lands mit deinen tollen Bauern, denen du in ihrem Aufruhr heuchelst.« Luthers Bibelübersetzung wurde auch von Marxisten vielfach zitiert: »Wer den Arbeitern seinen Lohn nicht gibt, der ist ein Bluthund« (Sirach 34,27).

Recherchen über den heutigen Gebrauch ergeben, dass der Ausspruch Noskes bei sozialdemokratischen Politikern noch immer wohlbekannt ist.

Bubenstück

Wenn man im Referenzkorpus der deutschen Gegenwartssprache nach dem Wort *Bubenstück* sucht, erlebt man gleich zwei Überraschungen – zum einen erfährt man, dass der doch recht altertümliche Ausdruck über 450-mal belegt ist, zum anderen, dass darunter sehr Verschiedenes verstanden wird. Mal ist es, historisch korrekt, ein ausgemachter Betrug, mal aber auch das frühe Werk eines Autors und mal eine Tätigkeit junger Männer.

Luther benutzte den Ausdruck in seiner Übersetzung von Psalm 41, 8–9: »Alle, die mich hassen, raunen miteinander wider mich und denken Böses über mich. Sie haben ein Bubenstück über mich beschlossen: ›Wenn er liegt, soll er nicht wieder aufstehen.‹« Der Psalm trägt die Überschrift *Gebet in Krankheit*; die Revision 2017 übersetzt die Stelle so: »Alle, die mich hassen, flüstern miteinander über mich und denken sich Böses gegen mich aus: ›Unheil ist über ihn ausgegossen; wer so daliegt, steht nicht wieder auf.‹« Offensichtlich meinten die Bearbeiter, dass das Wort *Bubenstück* heute nicht mehr so bekannt sei und haben es in Luthers Sinn so übersetzt, dass die heutigen Leser es verstehen.

Luther übersetzte das lateinische *peccatores* in Sprüche 1,10 mit *Buben*: »Mein Kind, wenn dich die bösen Buben locken, so folge nicht.« Noch zu Beginn des 19. Jahrhunderts bezeichnete man mit *Bube* einen gemeinen, niederträchtigen Menschen. Dieser Gebrauch ist heute veraltet; er findet sich aber noch in dem Wort *Spitzbube*. Was der ausheckt, sind *Bübereien* oder eben *Bubenstücke*. Und Schiller (siehe *Fallstrick*) kann den Buben sogar politisch korrekt ins Femininum wenden, wenn er Elisabeth über Maria Stuart sagen lässt »oh, sie ist eine ausgefeimte Bübin« (5. Akt, 4. Auftritt).

ein Buch mit sieben Siegeln

Renten- und Steuerbescheide sind für die meisten Empfänger ein Buch mit sieben Siegeln. Auch über vieles andere, was man nicht versteht, weil es außerhalb der normalen Erfahrungswelt liegt und kompliziert erscheint, sagt man gern, es sei für einen ein Buch mit sieben Siegeln. Die Redewendung ist intuitiv irgendwie verständlich, aber warum ein Buch, warum Siegel, sieben an der Zahl?

Auch dieser Ausdruck stammt aus der Bibel. In der Offenbarung des Johannes 5,1 heißt es: »Und ich sah in der rechten Hand des, der auf dem Stuhl saß, ein Buch, beschrieben inwendig und auswendig, versiegelt mit sieben Siegeln. Und ich sah einen starken Engel, der rief aus mit großer Stimme: Wer ist würdig, das Buch aufzutun und seine Siegel zu brechen? Und niemand im Himmel noch auf Erden noch unter der Erde konnte das Buch auftun und hineinsehen. Und ich weinte sehr, daß niemand würdig erfunden ward, das Buch aufzutun und zu lesen noch hineinzusehen.« Luther übersetzte hier völlig wörtlich die griechische und lateinische Vorlage (*biblion katesphragismenon sphragisin hepta / librum … signatum sigillis septem*).

Die Redewendung ist auch im heutigen Deutsch noch sehr lebendig – im Englischen aber gibt es den Ausdruck nur selten. Üblicherweise heißt es da *closed book*, und im Französischen finde ich gar keine Entsprechung. Da die Stelle wörtlich übersetzt ist und so auch im Englischen (King James Bibel) »And I saw in the right hand of him that sat on the throne a book written within and on the backside sealed with seven seals«, ist dies ein besonders klares Beispiel für die Wirksamkeit von Luthers Bibelübersetzung.

Dass ein Buch unverständlich sein kann, zeigt auch der englische Ausdruck. Dass das Buch *Siegel* hat, entspricht in etwa auch noch dem Englischen *closed book*, es bedeutet zudem, dass das Buch sehr fest verschlossen ist. Dass es schließlich sieben Siegel sind, hat etwas mit der Magie der Zahl Sieben zu tun, die bis heute lebendig ist: Sieben Tage hat die Woche, seine sieben Sinne soll man beieinander haben, es gibt sieben Todsünden. Im Islam gibt es den siebten Himmel, in der chinesischen Medizin die sieben Chakren, im Kundalini-Yoga symbolisiert die Sieben Struktur und Klarheit. Wem also etwas *ein Buch mit sieben Siegeln* ist, dem ist der Zugang wahrlich versperrt.

Buße

In meiner Kindheit liebte ich das Büchlein »Die Häschenschule« ganz besonders, vor allem die Bilder, die auf jeder Seite der in Schulschrift geschriebenen Episode vorangestellt waren. In einer davon hat ein Hasenjunge allerhand angestellt: »Hasenmax, der Bösewicht, konnte heut sein Verslein nicht, hat gepfiffen und geschwätzt, Hasenlieschens Rock zerfetzt, eine neue Bank zerkracht und dabei noch laut gelacht. In den Karzer muss er nun, ei, da kann er Buße tun.« Auf der Illustration zieht ihn der strenge Hasenlehrer noch dazu schmerzhaft an den langen Ohren – und dann muss der Hasenmax als Strafe in den Karzer, eine Art Schulgefängnis! Er muss dorthin, um seine Verfehlungen zu büßen, das heißt auch, um darüber nachzudenken und sich zu bessern, denn Freiheitsentzug für einen jungen Hasen ist …

D as Bild und der Text stellen die Bestrafung des Hasenmax in den Vordergrund – in allen anderen Episoden wäre ich gerne in die Häschenschule gegangen. Aber auch diese Episode lässt sich gutwillig interpretieren, wenn man den ursprünglichen Wortsinn von *Buße* zugrunde legt. Im 9. Jahrhundert übersetzten die schreibenden Mönche das lateinische *paenitentia*, »Reue«, durch das althochdeutsche Wort *buoza*, »Besserung«. Weil das lateinische Wort später *poenitentia* ausgesprochen wurde, was den Bezug zu lateinisch *poena*, »Strafe« nahelegte, entwickelten sich dann die rechtlichen Bedeutungen »Schadensersatz« und »milde Strafe« (z. B. *Bußgeld* bei Verkehrsdelikten). Die christliche Lesart freilich, auf der Luther immer wieder bestand, geht vom Begriff der Reue aus. Die erste von Luthers 95 Thesen aus dem Jahr 1517 lautete, aus dem Lateinischen übersetzt: »Da unser Herr und Meister Jesus Christus spricht: ›Tut Buße‹ etc., hat er gewollt, dass das ganze Leben der Gläubigen Buße sein soll.« *Buße* meint Umkehr, nicht Strafe. Der Verkehrssünder zahlt eine Buße (keine Strafe), damit er zukünftig nicht mehr auf dem Gehweg parkt oder zu schnell fährt. Ob's hilft?

Denkzettel

Ein Freund von mir soll auf dem Heimweg vom Büro häufig noch dies und das für zu Hause einkaufen; oft vergisst er etwas. Das letzte Mal, so erzählte er mir, habe er genau das nicht mitgebracht, was für das Abendessen gebraucht wurde, und seine erboste Frau habe ihn angewiesen, er solle sich doch bitte in Zukunft einen Denkzettel machen, damit das nicht immer wieder passiere. »So einen Denkzettel habe ich noch nie verpasst bekommen«, meinte er schmunzelnd.

Mit diesem Gebrauch des Wortes *Denkzettel* war die Hausfrau eng bei Martin Luther, der es in eben dieser Bedeutung als »Erinnerungshilfe« gebrauchte. In Matthäus 25,5 verwendete er es als Übersetzung für das griechische Wort *phylakterion*. Damit wurde der jüdische Gebetsriemen bezeichnet, den fromme Juden gemäß 2. Mose 4–9 immer bei sich tragen – einen mit Sprüchen der Thora beschriebenen Streifen Pergament, einen Zettel eben, zur Erinnerung an die Taten Gottes. Wir sehen hier ein typisches Beispiel für Luthers Übersetzungsverfahren: Er ersetzte einen Ausdruck, der den meisten Lesern bzw. Hörern unbekannt war, im Deutschen durch einen bildhaften Ausdruck. Denn als *denkcëdel* kam das Wort im Mittelniederdeutschen schon im 13. Jahrhundert vor und bedeutete »schriftliche Nachricht, Urkunde, Vorladung«. Man darf also annehmen, dass der Ausdruck unmittelbar verständlich war. Die Revision 2017 ist hier zurückgerudert und schreibt: »Sie machen ihre Gebetsriemen breit und die Quasten an ihren Kleidern groß.« Dazu gibt es eine Fußnote, die auf die Sach- und Worterklärungen verweist.

Die heute vorherrschende Gebrauchsweise in der Redensart *jemandem einen Denkzettel verpassen* im Sinne von »jemanden so behandeln/bestrafen, dass er über sein Verhalten noch länger nachdenkt« geht aber nicht auf Luther zurück, sondern auf das zuerst in Klosterschulen des 16. Jahrhunderts bezeugte Verfahren des *Schandzettels*, den Schüler bei Vergehen gegen die Schulordnung teilweise mehrere Tage lang an einer Schnur um den Hals tragen mussten; darauf war ihr Vergehen auch für andere lesbar aufgeschrieben. So einen *Denkzettel* zu tragen war gewiss keine Freude und sollte sich einprägen.

ein Dorn im Auge sein

In meinem Garten dürfen (jedenfalls in gewissem Maße) allerlei Pflanzen wachsen, die gewöhnlich als Unkraut bezeichnet werden: Der Gundermann etwa oder die Brennnessel, der Löwenzahn und der Ehrenpreis, das Labkraut und die Vogelmiere, der Sauerampfer und das Hirtentäschel. Das ist dem Nachbarn ein Dorn im Auge, weil er fürchtet, dass die Pflanzen sich auch bei ihm ausbreiten, und es nützt mir wenig, wenn ich ihm erkläre, dass diese Kräuter nicht nur hübsch aussehen, sondern auch essbar sind und sogar gut schmecken.

Im 4. Buch Mose übersetzte Luther im Kapitel 33 den Vers 55 so: »Werdet ihr aber die Einwohner des Landes nicht vertreiben, … so werden euch die, die ihr überbleiben lasst, zu Dornen werden in euren Augen.« Luther folgte hier dem griechischen Text (*skolops*), während die lateinische Vulgata *clavus*, »Nagel« wählt. Er griff dabei auf eine Redewendung zurück, die schon im Mittelhochdeutschen belegt ist, z. B. bei dem als »Der Stricker« bekannten Dichter aus dem 13. Jahrhundert, der in einer Bearbeitung des Rolandsliedes, eines Versepos über Karl den Großen, schreibt: »er ist ein helt ze handen und sinen vianden (= Feinden) in den ougen ein dorn.« In einer ähnlichen biblischen Redewendung ist vom *Splitter im Auge deines Bruders* die Rede (Matthäus 7,3).

Im Englischen heißt die Redensart *a thorn in someone's flesh*. Sie geht auf eine andere biblische Wendung zurück, die Luther mit *Pfahl im Fleische* übersetzte (2. Korinther 12,7). Auch diese Redewendung ist noch heute lebendig.

im Dunkeln tappen

Das passiert auch in der Öffentlichkeit oft genug. Im örtlichen Blättchen lese ich, dass der zuständige Beigeordnete erklärt habe, dass man derzeit völlig im Dunkeln tappe, wie das Projekt einer weiteren Kita im Nachbarort finanziert werden solle, da es noch immer keine Antwort des Landkreises gebe. Dass die Polizei bei mysteriösen Verbrechen anfangs im Dunkeln tappt, kennt man aus Krimis – wer im Dunkeln tappt, weiß noch nicht so recht Bescheid.

Luther benutzte den Ausdruck in seiner Bibelübersetzung häufiger. Die erste Bezugsstelle ist 5. Mose 28,28: »du wirst tappen am Mittag, wie ein Blinder tappt im Dunkeln; und wirst auf deinem Wege kein Glück haben.« Schon in der Ausgabe von 1545 wird dabei auf den 2. Petrusbrief verwiesen, die entsprechende Stelle heißt aber 1545 noch »welcher aber solches nicht hat, der ist blind und tappt mit der Hand und vergißt die Reinigung seiner vorigen Sünden«; dies wird in den Übersetzungen von 1984 und 2017 korrigiert: »Wer dies aber nicht hat, der ist blind und tappt im Dunkeln und hat vergessen, dass er rein geworden ist von seinen früheren Sünden« (1,9).

Das Wort *tappen* (auch *herumtappen*) ist erst seit Luthers Zeit belegt und wurde zunächst im Zusammenhang mit Tieren gebraucht, abgeleitet vom Wort *Tappe*, »Pfote«. Auch der heute auf Menschen angewandte, gebräuchliche Ausdruck *in eine Falle tappen* geht darauf zurück, dass ein Tier mit der Pfote in eine Falle tritt. Später bezeichnete *tappen* ungeschicktes Tasten und Laufen vor allem im Dunkeln (dazu das Adjektiv *täppisch*). Seit dem 19. Jahrhundert kann man auch *ins Fettnäpfchen tappen*, allerdings ist hier das Verb *treten* häufiger.

» Siehe auch *mit Blindheit geschlagen sein*

ein Ende mit Schrecken nehmen

Man hört oft die Warnung, dass eine Unternehmung ein Ende mit Schrecken nehmen werde. Mal handelt es sich um eine leichtsinnige Klettertour oder um eine sehr frühe Ehe, mal um ein riskantes Bankgeschäft oder eine politische Entscheidung. Erheblich seltener ist die Rede davon, dass etwas tatsächlich ein Ende mit Schrecken genommen hat – das stimmt doch zuversichtlich!

Mit dem Ausdruck *ein Ende mit Schrecken nehmen* übersetzte Luther im Psalm 73 den Vers 19 sehr frei: »Wie werden sie (= die Gottlosen) so plötzlich zunichte! Sie gehen unter und nehmen ein Ende mit Schrecken.« Das steht so weder im griechischen Text der Septuaginta noch in der lateinischen Vulgata, wo es heißt: *quomodo facti sunt in desolationem subito defecerunt perierunt propter iniquitatem suam.* Die letzten Wörter, die sich etwa mit »wegen ihrer Unangemessenheit« übersetzen lassen, ließ Luther ganz weg. Und doch trifft seine Übersetzung den Sinn des Verses haargenau. Es ist mehr als wahrscheinlich, dass Luther auch diesen Ausdruck nicht erfunden, sondern gefunden hat, als er »dem Volk aufs Maul schaute«. An dieser Stelle ist auch ein Blick in die katholische Bibelübersetzung von Luthers Gegner Johannes Eck nützlich, wenn man Luthers sprachliche Leistung verstehen will. Eck übersetzt die Stelle so: »Wie sind sie zur Erödung geworden: Urplötzlich nahmen sie ab, sie sind zugrunde gegangen um ihrer Bosheit willen«. Das hat wohl auch im 16. Jahrhundert niemand verstanden …

Heutzutage wird der Ausdruck sehr häufig in der Form *lieber ein Ende mit Schrecken als ein Schrecken ohne Ende* verwendet. Gemeint ist damit, dass etwas, wenn es ohnehin schiefzugehen droht, lieber gleich zu Ende gebracht werden soll. Die Wendung geht wohl zurück auf den preußischen Offizier Ferdinand von Schill, der sie in einer Rede am 12. Mai 1809 gebraucht haben soll, als man beschloss, nach den militärischen Niederlagen doch noch einen Aufstand gegen den siegreichen Napoleon anzuzetteln. Er und seine Männer fanden denn auch ein solches Ende.

mit Engelszungen reden

Dass man auf jemanden lange einreden muss, um ihn von etwas zu überzeugen, oft genug vergeblich, das kommt häufiger vor. Und in solchen Fällen wird auch heute noch gern die Redensart *mit Engelszungen reden* benutzt. In einem Protokoll des Landtags von Nordrhein-Westfalen vom 25.3.2010 etwa heißt es:»Darüber hinaus ist nicht jedes Kind …, das drei wird, sauber. Nein, dort muss noch Reinlichkeitserziehung geschehen, und man muss die Kinder teilweise mit Engelszungen überreden, ihre Geschäfte auf dem Töpfchen zu machen. Das kostet enorm viel Zeit.« Worüber man alles mit Engelszungen reden muss …

Auch diese Redensart stammt aus Luthers Bibelübersetzung. Im ersten Korintherbrief (13,1) heißt es:»Wenn ich mit Menschen- und mit Engelzungen redete und hätte der Liebe nicht, so wäre ich ein tönend Erz oder eine klingende Schelle.« Überraschenderweise ist diese so eindringliche Formulierung eine völlig wörtliche Übersetzung.

Die Redensart wird auch in diesen Tagen bisweilen noch quasi wörtlich genommen: Letzte Weihnachten las ich im hiesigen Anzeigenblättchen, dass der Chor geradezu »mit Engelzungen« gesungen hätte. Häufiger ist allerdings ein eher uneigentlicher Gebrauch wie im Eingangsbeispiel; zudem wird der Ausdruck gerne verfremdet. Der Liedermacher Wolf Biermann nahm ironisch Anleihe bei dem Bibelwort, als er seine Gedichtsammlung »Mit Marx- und Engelszungen« nannte. Im Internet gibt es eine Seite mit dem Namen *Engelszungen*, die für Kunden aus Werbung, Film etc. passende Stimmen vermittelt. Vereinzelt wird auch das Gegenteil gebildet:»Ob man zu denen mit Engelsoder Teufelszungen redet, ist völlig egal. Es ist alles eine Saubande«, heißt es in Jaroslav Hašeks Schelmenroman »Die Abenteuer des braven Soldaten Schweijk im Weltkrieg«.

entrüsten

Ein Bekannter von mir fährt jedes Jahr zu einem Familientreffen. Besonders erheiternd, so erzählte er mir bei seiner Rückkehr, sei eine ältere Tante, die sich immer wieder zur Belustigung aller über irgendetwas eher Belangloses entrüste. »Zuerst«, sagte er, »wirkt sie wie von einem Korsett eingeschnürt. Langsam wird der Kopf rot, sie plustert sich auf, schnappt nach Luft – und dann bricht es los. Danach ist der Druck weg und sie ist wieder fröhlich und zufrieden.«

Die Tante handelt, so scheint es, etymologisch angemessen. Denn das zuerst im 12. Jahrhundert belegte Verb *entrüsten* bedeutete zunächst durchaus wörtlich »jemandem die Rüstung ausziehen«. Es wurde aber schon im Mittelhochdeutschen im Sinne von »aus der Fassung bringen« verwendet. Diese Verwendung wurde bei Luther die einzige; er verwendete das Verb sehr häufig, und zwar meist in der typischen Verbindung *zornig werden und sich entrüsten*. So heißt es in Nehemia 4,1: »Da aber Saneballat hörte / dass wir die Mauer bauten / ward er zornig und sehr entrüstet / und spottete der Juden« (Übersetzung 1545). Und in Matthäus 21,15 steht: »Da aber die Hohenpriester und Schriftgelehrten sahen die Wunder, die er tat, und die Kinder, die im Tempel schreien und sagen: Hosianna dem Sohn Davids! wurden sie entrüstet«. Die Revision 2017 schreibt im ersten Falle »wurde er sehr zornig« und passt im zweiten Fall an den heutigen Sprachgebrauch an: »... entrüsteten sie sich«, denn in der heutigen Sprache wird *entrüsten* nur noch reflexiv gebraucht oder aber als Partizip *entrüstet sein*. Dabei ist die Bedeutung jedoch die gleiche geblieben: »sich erregen, erregt sein über etwas, das man missbilligt«.

Die ursprüngliche Bedeutung des Wortes wurde in der Friedensbewegung neben dem legendären Ausdruck *Schwerter zu Pflugscharen* neuerdings wieder aufgenommen, etwa in dem doppelsinnigen Titel des von Margot Käsmann und Konstantin Wecker herausgegebenen Buches »Entrüstet Euch – Warum Pazifismus für uns das Gebot der Stunde bleibt«.

erstunken und erlogen

»Auch Ihre ganzen Berechnungen dazu, was das kostet, sind getrickst und von hinten bis vorn erstunken und erlogen«, so steht es im Protokoll der Sitzung des Deutschen Bundestags am 28. 2. 2002. Es ging damals um die Höhe des Beschäftigungswachstums, die dem politischen Gegner etwas zu optimistisch schien.

Dass Lügen stinken, ist freilich nichts Neues. In seiner »Zuschrift zum 117. Psalm« erinnerte sich Martin Luther: »Zu Rom, da ich auch so ein toller Heiliger war, lief ich durch alle Kirchen und Kluften, glaubte alles, was daselbst erlogen und erstunken ist.« Während seiner Romreise 1510 oder 1511 hatte er nämlich noch keine Zweifel an der Buß- und Ablasspraxis der katholischen Kirche gehegt; erst später kam er zu der Überzeugung, dass sie falsch war. Auch sonst benutzte er den Ausdruck gerne in Zusammenhang mit der heiligen Stadt: »Also dass es erlogen und erstunken ist (...), wer da sagt, dass die Christenheit zu Rom oder an Rom gebunden sei«. Und in seiner Sprichwörtersammlung verzeichnete Luther die Redewendung *Er leugret, das stinckt.*

Das heute nicht mehr gebräuchliche Verb *erstinken* bedeutete soviel wie »in Fäulnis übergehen«, war also intransitiv. Adelung, dessen Wörterbuch vom Ende des 18. Jahrhunderts eine Art Vorläufer des Duden war, schrieb dazu: »In diesem Verstande (= Sinn) nennen die Gerber erstunkenes Leder, welches zu lange in der Schwitzung gelegen, und daher faul und stinkend geworden ist.« Das Verb *erlügen* wurde schon zu Luthers Zeit nur noch als Partizip gebraucht. Wenn etwas *erstunken und erlogen* ist, werden aber beide Verben transitiv gebraucht. »Jemand hat etwas erstunken und erlogen« – das ist sozusagen die stinkende Lüge in Potenz. Obwohl beide Verben im heutigen Deutsch nicht mehr vorkommen, wird der Ausdruck nach wie vor häufig benutzt, um etwas als Tatsache Hingestelltes als komplett unglaubwürdig und lügnerisch zu kennzeichnen.

evangelisch

Als ich meinem Großvater einmal davon erzählte, dass ich in den Ferien mit einer protestantischen Jugendgruppe auf ein Zeltlager fahren würde, wurde er sehr zornig. »Du bist evangelisch«, sagte er, »protestantisch ist ein dummes Wort, das nichts mit deiner Kirche zu tun hat.« Ich war sehr erstaunt und habe damals seine Erklärung dazu nicht recht verstanden – evangelisch oder protestantisch, das ist doch, meinte ich, dasselbe.

Schon im Althochdeutschen des 8. Jahrhunderts benutzten Mönche und Prediger das Adjektiv *evangelisc* zur Bezeichnung von Geschichten und Lehren aus dem Evangelium. Sie übernahmen dieses Substantiv unübersetzt aus dem Kirchenlateinischen *euangelium*, das seinerseits aus dem griechischen *euaggelion* entlehnt war. Das griechische Wort bedeutet »gute Botschaft« (aus *eu* »gut« und *aggelos* »Bote«). Im engeren Sinne wurden mit *Evangelium* nur die vier Bücher der Evangelisten Matthäus, Markus, Lukas und Johannes bezeichnet, später aber alle Bücher des Neuen Testaments. Luther dehnte den Begriff inhaltlich auf die gesamte Bibel aus. Dies hing mit seiner Auffassung zusammen, dass rechter christlicher Glauben allein auf den Text der Bibel bezogen sein könne. Er nannte deshalb seine Lehre ab ca. 1521 *evangelisch*. Das Wort wurde dann rasch auch zur Bezeichnung für jene Richtung des christlichen Glaubens verwendet, die Luther folgte und der katholischen Kirche entgegengesetzt war.

Während den Menschen zu Luthers Zeit wohl noch die inhaltliche Bedeutung von *evangelisch* (das Wort der Bibel als alleinige Grundlage) deutlich war (analog auch in *katholisch* im Sinne von »allgemeiner Kirche«), wird das Wort seit dem 17. Jahrhundert ausschließlich als formale Konfessionsbezeichnung gebraucht.

» Siehe auch *protestantisch*

Fallstrick

»Wenns dennoch möglich wäre — Wenn er sich
Rechtfertgen könnte! — Sagt mir, könnt' es nicht
Ein Fallstrick sein, den mir Maria legte,
Mich mit dem treusten Freunde zu entzwein!
O sie ist eine abgefeimte Bübin ... «

So überlegt die englische Königin Elisabeth in Schillers Drama »Maria
Stuart«. Und auch die Eidgenossen in »Wilhelm Tell« wittern einen
Fallstrick:

»Der Hut von Österreich! Gebt acht, es ist
Ein Fallstrick, uns an Östreich zu verraten!«

Und schließlich verzweifelt Gordon in »Wallersteins Tod« an seinen
Herrn:

»Verräter an dem Kaiser – solch ein Herr! ...
Zum Fallstrick ward ihm seine Größ' und Macht.«

Ursprünglich bezeichnete das Wort *Fallstrick*, das Schiller so gern
gebrauchte, eine Schlinge oder ein Netz, das man über Tiere herab-
fallen ließ, um sie damit zu fangen. Heute benutzen wir nur noch die
übertragene Bedeutung *jemandem einen Fallstrick legen*, d. h. ihn zu einem Fehltritt verleiten und damit schaden. Manchmal legt man sich
den Fallstrick sogar selbst; ein Sprichwort heißt: »Wer andern einen
Fallstrick legt, sich selbst darin zu fangen pflegt.«

Luther benutzte das Wort in seiner Bibelübersetzung mehrfach. In
Lukas 21,35 ist die ursprüngliche Bedeutung noch greifbar, wenn vom
jüngsten Tag die Rede ist: »Denn wie ein Fallstrick wird er kommen
über alle, die auf Erden wohnen«. Aber auch die übertragene Form findet sich bereits bei Luther: »... und dienten ihren Götzen; die wurden
ihnen zum Fallstrick« (Psalm 106,36). »Hüte dich, daß du nicht einen
Bund machest mit den Einwohnern des Landes, da du hineinkommst,
daß sie dir nicht ein Fallstrick unter dir werden« (2. Mose 34,12).

Es wird aus diesen Beispielen deutlich, dass die übertragene Bedeutung von *Fallstrick* im gleichen Sinne gebraucht wird wie im Sprichwort
wer andern eine Grube gräbt, fällt selbst hinein.

» Siehe auch *Wer andern eine Grube gräbt*   65

sich ins Fäustchen lachen

»Das Star-Ensemble von der Isar hat nach acht Spieltagen schon acht Punkte Rückstand auf das Spitzenduo Leverkusen und HSV. Ex-Trainer Jürgen Klinsmann dürfte sich in Florida ins Fäustchen lachen.« Zu lesen war das in der Braunschweiger Zeitung vom 5.10.2009. Zum Saisonschluss freilich lachte dann doch wieder einmal Bayern München als deutscher Fußballmeister, und nicht ins Fäustchen.

In seiner frühen Vorlesung über den Römerbrief schrieb Luther: »Unterdessen lacht sich der Teufel ins Fäustchen und ruft nach hinten: Schmück dich, liebes Kätzchen, ...« Er benutzte allerdings in vielen Schriften und Predigten in dieser Redewendung lieber das Wort *Faust*: »so möcht ich (mir) jetzt in die Faust lachen und den Bauern zusehen, oder mich auch zu ihnen schlagen und die Sache ärger machen helfen.« (»Ermahnung zum Frieden auf die 12 Artikel der Bauernschaft«) oder »Wir wollen uns über ihr Klagen in die Faust lachen und ihrer zum Schaden spotten und uns trösten, daß ihr Stündlein gekommen sei.« (»Wider Hans Worst«, 1541).

Die Redensart beschreibt eine Gebärde: Schadenfreude zeigt man nicht, und deshalb wird der (lachende) Mund mit der vorgehaltenen Hand verdeckt – man lacht, ohne es zu zeigen. Die Verkleinerungsform dürfte damit zu tun haben, das es eine klammheimliche (und irgendwie unzulässige) Freude ist, die einen zum verdeckten Lachen bringt.

Im Französischen heißt es *rire dans sa barbe*, was Ähnliches meint. Die Redensart *sich in den Bart lachen* ist auch im Deutschen belegt, aber eher selten.

Feuereifer

Als in unserem Viertel der Kindergarten neu eingerichtet wurde, kamen auch die Kinder selbst zum Zuge. Mit Farbe, Pinsel, Kleister und Kreativität, mit Feuereifer und nicht zuletzt mit Unterstützung einheimischer Künstler waren sie dabei, ihre neue Kita fröhlich anzumalen. Wer heute mit Feuereifer bei der Sache ist, der ist sehr engagiert, mit Haut und Haaren bei der Sache, und zwar im positiven Sinne.

Das war bei Luther noch anders. *Feuereifer* erschien in Luthers Bibelübersetzung im Brief an die Hebräer (10,27) als Übersetzung von *aemulatio ignis*: »Denn so wir mutwillig sündigen, nachdem wir die Erkenntnis der Wahrheit empfangen haben, haben wir hinfort kein andres Opfer mehr für die Sünden, sondern ein schreckliches Warten des Gerichtes und des Feuereifers, der die Widersacher verzehren wird.« Die Revision 2017 schreibt für uns deutlich verständlicher vom »wütenden Feuer, das die Widersacher verzehren wird«. *Feuereifer* hatte also bei Luther eine negative Bedeutung; gemeint ist die zerstörende Kraft des Feuers. Vor allem in seinen späteren Jahren wandte Luther sich mit solchem Feuereifer gegen alle, die seiner Lehre widersprachen.

Der Gebrauch weitete sich später aus auf jeden Eifer mit zerstörerischem Ziel; so berichtete der Dichter Johann Gottfried Seume in seinen Erinnerungen »Mein Sommer« von 1806 von einer Predigt, in der »mit großem Feuereifer gegen die Greuel der Verführung durch die Aufklärung« gewettert wurde. Im gleichen Text benutzte er das Wort aber auch schon positiv, z.B. wenn er von einem Mann schreibt, »der sich durch seinen Feuereifer für das Wahre und Gute immer ausgezeichnet ... hatte«. In der Mitte des 18. Jahrhunderts setzte sich dann die heutige positive Bedeutung mehr oder weniger durch: »... begab er sich mit Frau und Sohn nach Tunis und Tripolis, wo er sich, mit jugendlichem Feuereifer, rastloser und angestrengtester Tätigkeit hingab«, heißt es 1856 in Fontanes »Wanderungen durch die Mark Brandenburg«.

Heute bezeichnet *Feuereifer* nur noch den engagierten Einsatz für, nicht gegen etwas. Dabei wird das Wort besonders häufig für die Tätigkeit von Kindern, Schülern und jungen Menschen gebraucht, die sich einer Sache engagiert widmen.

feurige Kohlen aufs
Haupt sammeln

Wenn man nach neueren Belegen für diese Redensart sucht, stößt man auf die kuriose Situation, dass der ursprüngliche Sinn des Textes in sein Gegenteil verkehrt wird, schon von Goethe:

»Nicht etwa, daß er seinen Feinden Kohlen aufs Haupt sammelte, welches, wie man sagt, ein schlechter Dienst sein soll, den man jemanden erzeigen kann, nein, er schickt vielmehr den Freunden, die ihm sein Mädchen entführen, gute und treue Diener nach, damit ihr Fuß an keinen Stein stoße« (aus »Wilhelm Meisters Lehrjahre«).

»(Sie) ›werte den Brief der bayerischen Sozialministerin Barbara Stamm an Bundesarbeitsminister Walter Riester als rein politisch motiviert, um noch mehr glühende Kohlen auf dem Haupt der Bundesregierung zu häufen‹, sagte Mascher in München« (Süddeutsche Zeitung 17.12.1998).

Die Redensart findet sich in den Sprüchen Salomos; die Stelle (25, 21–22) wurde von Luther so übersetzt: »Hungert deinen Feind, so speise ihn mit Brot, dürstet ihn, so tränke ihn mit Wasser, denn du wirst feurige Kohlen auf sein Haupt häufen, und der Herr wird dir's vergelten.« Irgendwie passt das nicht recht zusammen. Hilfreich ist hier, dass auch der Apostel Paulus im Brief an die Römer diese Stelle zitiert (12,19–21): »So nun deinen Feind hungert, so speise ihn; dürstet ihn, so tränke ihn. Wenn du das tust, so wirst du feurige Kohlen auf sein Haupt sammeln. Laß dich nicht vom Bösen überwinden, sondern überwinde das Böse mit Gutem.« Die Stelle ist also nicht wörtlich zu verstehen; vielmehr soll die Feindesliebe dazu führen, dass der so behandelte Feind vor Schamröte erglüht. Jörg Zink übersetzte denn auch sehr frei und verdeutlichend: »... dürstet ihn, so gib ihm zu trinken. So kannst du ihm helfen, Reue zu empfinden über sein Tun.« Ähnlich sagt die Volxbibel an dieser Stelle, wie man mit dem umgehen soll, der einen »total blöd findet«: »Und wenn er Durst hat, bring ihm was zu trinken. Und dann wird es ihm voll Leid tun, was er dir angetan hat.« Nicht nur die beiden eingangs zitierten Stellen belegen, dass die Redensart *feurige Kohlen aufs Haupt* heute ganz und gar nicht mehr im christlichen Sinne – aber hoffentlich auch nicht wörtlich – verstanden wird, obwohl sie noch häufig verwendet wird.

friedfertig

Was ein Mannheimer Diakon im April 2007 den Bikern bei der jährlichen Motorradsegnung zu Beginn der Saison gesagt hatte, war tags drauf im »Mannheimer Morgen« zu lesen: »Seid sanftmütig beim Beschleunigen, friedfertig beim Überholen, gutmütig mit den 125ern, liebevoll zu euren Bremsen und aufmerksam zu euren Schwestern und Brüdern, die mit euch auf der Straße sind.« Der Anklang an die Bergpredigt ist nicht zu überhören.

Und genau dort benutzte Luther das Wort *friedfertig*: »Selig sind die Friedfertigen, denn sie werden Gottes Kinder heißen« (Matthäus 5,9). Er hat es nur an dieser Stelle verwendet, aber diese ist so prominent, dass das Wort sich bis heute im Sprachgebrauch gehalten hat. Die Wörterbücher vermerken, dass *friedfertig* für das ältere *friedsam* stehe. Freilich schrieb Luther an allen anderen einschlägigen Bibelstellen ebendies, z.B. »Diese Leute sind friedsam bei uns und wollen im Lande wohnen« (1. Mose 34,21); »seid friedsam, so wird der Gott der Liebe und des Friedes mit euch sein« (2. Korinther 13,11).

Die Revision 2017 übersetzt die Stelle aus der Bergpredigt zurecht mit »selig sind, die Frieden stiften«, denn so heißt es wörtlich im griechischen Text: *makarioi hoi eirenopoioi*. Es ist denkbar, dass Luther genau das im Sinn hatte, als er *friedfertig* schrieb. Denn das Wort *fertig* bedeutete zu seiner Zeit soviel wie »bereit« und war meistens auf eine Reise bezogen. Selig sind also diejenigen, die zum Frieden bereit sind – und das ist mehr als das, was man heute gemeinhin unter *friedfertig* versteht. Übrigens wird auch das Wort *friedsam* in unserer Zeit durchaus noch verwendet, z.B.: »Zu fragen bleibt, ob nicht das vordergründig so friedsam anmutende 19. Jahrhundert nicht jene Gespenster, jene Mächte des Todes gebar, die im 20. Jahrhundert wirksam werden sollten.« (Die Presse, 19.2.2005)

fromm

Ein frommer Mensch glaubt an Gott und lebt nach seinen Geboten, welcher Religion er auch angehört. »Sei hübsch artig und hübsch fromm, bis nach Haus ich wiederkomm«, legt die Mutter im »Struwwelpeter« dem Paulinchen ans Herz. Und der Wahlspruch »frisch, fromm, fröhlich, frei« des Begründers der Turnbewegung Friedrich Ludwig Jahn aus der Mitte des 19. Jahrhunderts ist noch heute gegenwärtig: Das Emblem des Deutschen Turnerbunds wird aus vier großen Buchstaben F gebildet.

Ursprünglich bedeutet das schon in althochdeutscher Zeit belegte Wort *fromm* so viel wie »nützlich, tüchtig, rechtschaffen«. Diese Bedeutung ist noch erhalten in den veraltenden Ausdrücken *etwas frommt jemandem* oder *zu jemandes Nutz und Frommen*. Sie kommt aber auch heute noch vor, z. B. im hippokratischen Eid, den Ärzte abzulegen haben: »Meine Verordnungen werde ich treffen zu Nutz und Frommen der Kranken, nach bestem Vermögen und Urteil«. Im Internet konnte ich neulich lesen, »dass jede Seite behauptete, sie allein könne verlässlich abschätzen, was der Jugend frommt und was ihr schadet«; dieser Gebrauch des Verbs *frommen* ist offenbar in der Schweiz noch gebräuchlicher als hierzulande. Auch der Familienname *Fromm* (mit verschiedenen Varianten wie *Fromme, From, Frume, Frahm, Vrame*) leitet sich von der Bedeutung »nützlich, tüchtig, rechtschaffen« her und ist schon im 11. Jahrhundert belegt.

Luther gebrauchte das Wort im Sinne seiner Theologie in der Bibelübersetzung fast immer im religiösen Sinne (»gläubig, Gottes Geboten verpflichtet«). Diese Festlegung durch den Bibeltext wurde schon zu Luthers Zeit die allgemeinsprachliche Hauptverwendungsweise, wenn von den Frommen, von Frömmigkeit und von frommer Lebensart die Rede war.

Die Verwendung von *fromm* im Sinne von »sanft, gehorsam« ohne religiöse Konnotation, besonders oft im Wort *lammfromm*, aber z. B. auch oben im Zitat aus dem Struwwelpeter, kam erst im 18. Jahrhundert auf. Die deutsche Redensart *ein frommer Wunsch* geht auf das Werk »Pia desideria oder herzliches Verlangen nach gottgefälliger Besserung der wahren Evangelischen Kirche …« von Philipp Jacob Spener (1675) zurück. Die heutzutage vorherrschende ironische Verwendung, dass der Wunsch wirklichkeitsfremd sei, entstand erst im Zuge der gesellschaftlichen Säkularisierung zu Beginn des 19. Jahrhunderts.

gastfrei

»1784 lud die damals 20jährige Arzttochter Henriette Herz erstmals in ihren literarischen Salon. Das Haus war traditionell gastfrei, Henriettes Mann, der Philosoph Markus Herz, hatte vorher schon seit Jahren Wissenschaftler zu Diskussionsabenden eingeladen.« (Frankfurter Rundschau, 6.3.1999). Ein gastfreies Haus gehörte zu den wesentlichen Kennzeichen der aufstrebenden bürgerlichen Kultur im Deutschland des 19. Jahrhunderts. Im Jahr 2005 aber las man in der Rhein-Zeitung: »Restaurants sollen zur Hälfte rauchfrei werden – die Gastronomie verpflichtet sich freiwillig selbst dazu. Gaststätten bald rauchfrei und gastfrei? Lieber Gaststättenverband: Macht doch diesen Quatsch nicht mit.« Erfreulicherweise ist es zur »Rauchfreiheit« tatsächlich, zu dieser »Gastfreiheit« aber nicht gekommen!

Gastfrei zu sein gilt in den Paulusbriefen als wesentliche christliche Eigenschaft. Luther übersetzte damit das lateinische Wort *hospitalis*: »Gastfrei zu sein vergesset nicht; denn dadurch haben etliche ohne ihr Wissen Engel beherbergt« (Hebräer 13,2); »Es soll aber ein Bischof unsträflich sein, … nüchtern, mäßig, sittig, gastfrei, lehrhaft« (1. Timotheus 3,2). Im griechischen Urtext steht hier immer *philoxenos*. Erinnert sei deshalb an den Umstand, dass im Altgriechischen das Wort *xenos* beides, den Fremden und den Gast, bezeichnete. Der Christ möge also gast- und fremdenfreundlich sein. Luther selbst führte, wie auch seine berühmten Tischreden bezeugen, ein sehr gastfreies Haus, geleitet von seiner Frau Käthe, und es gab, wie man weiß, jederzeit Gäste von nah und fern.

Glaube (das »Luther-*e*«)

Vor einigen Jahren spielte ich bei einem Scrabble-Turnier in der ersten Runde gegen einen Anfänger. Ich legte GLAUB und konnte damit über 50 Punkte erzielen. Mein Gegner starrte aufs Brett und murmelte »das glaub ich nicht, das glaub ich nicht«. Er zweifelte das Wort an, musste sich aber vom Schiedsrichter belehren lassen, dass nach den Regeln von Scrabble Deutschland in der ersten Person Singular das finale *e* weggelassen werden darf, wie es in der gesprochenen Sprache seit Langem üblich ist. Inzwischen spielt jener Anfänger übrigens auf Turnieren meistens besser als ich …

Hier soll nun nicht auf die Bedeutung des Wortes *Glaube* eingegangen werden – nicht nur Luther hat dem Wort eine eigene Bedeutung gegeben. Auch was der rechte Glaube ist, ist nicht in diesem Büchlein zu klären – wenn es denn überhaupt zu klären ist, wobei Luther selbst überzeugt davon war, dies aus der Bibel ableiten zu können. Vielmehr soll es um das sogenannte »Luther-*e*« in Wörtern wie *Glaube* gehen, dessen Fehlen meinen Scrabblepartner so irritierte. In den oberdeutschen Dialekten des Deutschen waren schon zu Luthers Zeit viele der heute auf -*e* oder -*en* endenden Substantive einsilbig geworden, da konnte es heißen: *Ich glaub, dass Gott meine Bitt voll Gnad annehm.* Im heutigen Standarddeutschen wird dieses -*e* bei Verben meistens geschrieben, aber beim Vorlesen selten ausgesprochen. In Substantiven wie *Glaube, Gnade, Würze, Eule* wird es allerdings immer gesprochen. Im 17. Jahrhundert galt das geschriebene oder gesprochene »Luther-*e*« in katholischen Gegenden geradezu als Kainsmal – wer so schrieb oder sprach, konnte nur ein Protestant sein. Luthers Beibehaltung der Zweisilbigkeit solcher Substantive in der Schrift durch dieses -*e* hatte enorme Konsequenzen für die Transparenz der deutschen Rechtschreibung, weil so die Zweisilbigkeit als Basis der Wortschreibung im Deutschen erhalten blieb.

auf die Goldwaage legen

Goldwaagen finden bis heute ihren Einsatz beim Ankauf und Verkauf von Gold. Da es um ein überaus kostbares Material und entsprechend große Werte geht, müssen diese Waagen sehr präzise sein. Sogar Goldstaub können sie messen, und das müssen sie auch können, denn schon ein Gramm Gold ist (je nach Tageskurs) über 38 Euro wert.

So wie mit Gold, legt die Bibel nahe, soll man es auch mit Wörtern halten. Luther übersetzte: »Du wägst dein Gold und Silber ein; warum wägst du nicht auch deine Worte auf der Goldwaage?« (Sirach 28,29). Die Revision 2017 wählt den heute geläufigen Ausdruck »lege deine Worte auf die Goldwaage!«. Auch in Sirach 21,27 verwendete Luther diese Redeweise: »die Weisen aber wägen ihre Worte mit der Goldwaage«. Hier war seine Übersetzung sehr frei; in der Revision 2017 heißt es (mit gleicher Bedeutung): »Die Einsichtigen aber halten ihre Worte im Zaum.«

Im Gegensatz zum Gebrauch der realen Goldwaage der Händler folgt die Gegenwartssprache Luthers biblischem Rat nicht. Vielmehr ist im Sprachgebrauch meistens davon die Rede, dass man etwas, was gesagt wurde, doch besser nicht auf die Goldwaage legen solle, vor allem in politischen Auseinandersetzungen. Und über Wörter hinausgehend meinte schon Goethe, dass Zufriedenheit mit dem Leben besser nicht mit der Goldwaage gemessen werden sollte:

> »Das Glück Deiner Tage
> Wäge nicht mit der Goldwaage.
> Wirst du die Krämerwaage nehmen,
> So wirst du dich schämen und dich bequemen.«

» Siehe auch *Seine Zunge im Zaum halten*

seine Hände in Unschuld waschen

In der Leidensgeschichte wird im Matthäusevangelium der öffentliche Prozess gegen Jesus geschildert. Die Hohepriester und Ältesten brachten ihn zum römischen Statthalter Pontius Pilatus. In seinem Verhör kann Pilatus keine Verfehlung von Jesus feststellen; die aufgebrachte Menge aber fordert seine Hinrichtung. »Da aber Pilatus sah, daß er nichts schaffte, sondern daß ein viel größer Getümmel ward, nahm er Wasser und wusch die Hände vor dem Volk und sprach: Ich bin unschuldig an dem Blut dieses Gerechten, sehet ihr zu!« (Matthäus 27,24).

Wörtlich benutzte Luther den Ausdruck *seine Hände in Unschuld waschen* nur in seiner Übersetzung der Psalmen: »Ich wasche meine Hände in Unschuld und halte mich, HERR, zu deinem Altar« (Psalm 16,6) und »Soll es denn umsonst sein, daß mein Herz unsträflich lebt und ich meine Hände in Unschuld wasche« (Psalm 73,13). Beide Psalmenstellen beziehen sich auf ein altes Sühneopfer, das in 5. Mose 21,1–9 beschrieben wird. Im Vordergrund steht dort die reinigende Kraft des Wassers, das die Schuld abwäscht. Von zentraler Bedeutung dabei ist, dass es sich um einen öffentlichen Vorgang handelt – in diesem Sinne handelt Pontius Pilatus der jüdischen Sitte entsprechend.

Im heutigen Sprachgebrauch ist davon nur noch wenig zu spüren. Wer behauptet, er wasche seine Hände in Unschuld, will in der Regel nur kundtun, dass er mit einem misslichen Zustand oder dem unguten Ausgang einer Sache nichts zu tun habe.

O Herr, er will mich fressen

Mein Großvater, einst Pfarrer in Golzow (Brandenburg), liebte es, mit der Angabe von Bibelstellen zu überraschen, die er dann den Zuhörern erläuterte – quasi wie Luther in seinen Tischreden. Besonders in Erinnerung ist mir meine Konfirmation geblieben. Während der kurzen Rede, die er beim Essen an mich richtete, gähnte mein Onkel, einer seiner Söhne, herzhaft. Mein Großvater kommentierte knapp »Tobias 6, Vers 3«, woraufhin meine Eltern und alle Verwandten herzlich lachten. Er sah meine Verwirrung, da ich den Zusammenhang nicht verstand, und flocht ohne Nachdenken die Geschichte des Tobias in seine Rede ein. Was steht denn da?

Tobias 6,3 wurde von Luther wörtlich genau übersetzt: »Und er (Tobias) ging hin, daß er seine Füße wüsche; und siehe, ein großer Fisch fuhr heraus, ihn zu verschlingen. Vor dem erschrak Tobias und schrie mit lauter Stimme und sprach: O Herr, er will mich fressen!« In bibelfesten Familien reicht die Stellenangabe, um wenig kaschiertes Gähnen zu kommentieren.

Es ist nicht die einzige Stelle der Bibelübersetzung Luthers, die der Volksmund zu einer launigen und nichtreligiösen Redensart umgedeutet hat. Eine andere ist Markus 16,16: »Wer da glaubet und getauft wird, der wird selig werden« wurde umgangssprachlich zu *Wer's glaubt, wird selig* verkürzt, was bedeutet, dass etwas ganz und gar unglaubhaft ist. Auch die Redensart *der Rest für die Gottlosen,* die sich meist auf den letzten Rest aus der Weinflasche (oder eines anderen Getränks) bezieht, geht zurück auf eine Bibelstelle: »Denn der Herr hat einen Becher in der Hand und mit starkem Wein voll eingeschenkt und schenkt aus demselben; aber die Gottlosen müssen alle trinken und die Hefen aussaufen« (Psalm 75,9). Im Revisionstext 2017 wird die Konsumtion des Restes etwas dezenter und im Sinne des hebräischen Textes tatsächlich korrekter formuliert »und die Frevler auf Erden müssen alle trinken und auch noch die Hefe schlürfen«. Es ist nicht auszuschließen, dass die Gute-Nachricht-Bibel zur Vermeidung falscher Assoziationen eine andere Redensart gewählt hat: »Sie alle müssen den Becher leeren bis zum letzten, bitteren Tropfen.«

sein Herz ausschütten

»Die Kleine ist von ihrer Freundin noch nicht zurück; diese müssen gegeneinander wenigstens alle vierzehn Tage ihr Herz ausschütten, wenn es nicht springen soll« (Goethe, »Wilhelm Meisters Wanderjahre«). Immer wieder braucht man jemanden, um all das loszuwerden, was einen bewegt. Die beiden jungen Frauen, von denen bei Goethe die Rede ist, haben sich vor allem über aufregende gute Erlebnisse auszutauschen, oft aber sind es Kummer, Angst oder Verlust, die das Herz bedrängen und die man loswerden, mindestens aussprechen möchte.

Den so sprechenden Ausdruck verwendete Luther in seiner Übersetzung des Alten Testaments zweimal. In Psalm 62,9 schrieb er: »Hoffet auf ihn allezeit, liebe Leute, schüttet euer Herz vor ihm aus; Gott ist unsre Zuversicht.« Besonders anschaulich ist die Stelle, in der der Priester Eli argwöhnt, Hanna, die sich so sehnlich einen Sohn wünscht, habe zu viel getrunken: »Hanna aber antwortete und sprach: Nein, mein Herr, ich bin ein betrübtes Weib. Wein und starkes Getränk habe ich nicht getrunken, sondern habe mein Herz vor dem Herrn ausgeschüttet« (1. Samuel 1,15).

Die Möglichkeit, sich alles von der Seele zu reden, eben sein Herz ausschütten zu können, gehört zu den Schlüsselpraktiken aller psychotherapeutischen Therapieprogramme. Oft genug ist allein dieser Vorgang ausreichend, um ein Problem zu lösen, es sich quasi von der Seele zu reden.

Herzenslust

»Und so dichtete hier Friedrich unzählige Lieder und wunderbare Geschichten aus tiefster Herzenslust, und es waren fast die glücklichsten Stunden seines Lebens.« So heißt es in Eichendorffs Roman »Ahnung und Gegenwart«. Friedrich sitzt in einem Garten. In meinem schreibe ich zwar nicht, aber wenn ich dort so nach Herzenslust herumwerkele, dann vergesse ich die Welt um mich herum und möglicherweise auch, welches Gemüse ich denn eigentlich nach Hause mitbringen sollte. Und auf dem Heimweg kann ich dabei zusehen, wie sich die Nachbarskinder nach Herzenslust auf dem Spielplatz austoben.

Das Wort *Herzenslust* ist zum ersten Mal in Luthers Bibelübersetzung belegt: »So haben wir Herzenslust an euch und sind bereit, euch teilhaben zu lassen nicht allein am Evangelium Gottes, sondern auch an unserm Leben; denn wir hatten euch lieb gewonnen« (1. Thessalonicher 2,8, Revisionstext 2017). Einflussreicher war aber wohl die vorletzte der 15 Strophen seines Weihnachtslieds »Vom Himmel hoch, da komm ich her«:

Davon ich allzeit fröhlich sei,
zu springen, singen immer frei
das rechte Susaninne schon,
mit Herzenslust den süßen Ton.

Luthers deutsche Kirchenlieder waren damals eine wichtige Neuerung – die Besucher des Gottesdienstes sollten das, was sie singen, auch verstehen. Bis heute bilden Lieder einen wesentlichen Bestandteil des evangelischen Gottesdienstes (normalerweise mindestens fünf in einem Gottesdienst). »Das rechte Susaninne« von dem hier die Rede ist, ist manchem auch aus dem (nicht von Luther stammenden) Weihnachtslied »Vom Himmel hoch, ihr Englein kommt« bekannt, mit dem wiederkehrenden Refrain »eia, eia, susani susani susani«, und bedeutet so viel wie »Wiegenlied« (zusammengesetzt aus *susen* »summen, leise singen« und *ninne* »kleines Kind«).

Heute ist nur noch die Verbindung *nach Herzenslust* gebräuchlich, diese aber ist überaus häufig. Aus voller Brust nach Herzenslust singen, das ist ein eingängiger Zusammenhang. Und im rheinischen Anzeigenblättchen wird ein Stadtfest so angekündigt: »Unn Musik fast in alle Gasse. Da kannst de danze nach Herzenslust unn singe dazu aus voller Brust.«

Wes das Herz voll ist, des geht der Mund über

Dieses Buch zu schreiben, hat mir ungeheuren Spaß gemacht, und deshalb musste ich meiner Frau einfach von jedem neuen Fund erzählen und jeden fertigen Artikel vorlesen, denn wes das Herz voll ist, des geht der Mund über. Sie kennt das und war geduldig …

Mit diesem Sprichwort übersetzte Martin Luther mindestens zwei Stellen aus der Bibel. Im Lukasevangelium (6,45) heißt es: »Ein guter Mensch bringt Gutes hervor aus dem guten Schatz seines Herzens; und ein böser bringt Böses hervor aus dem bösen. Denn wes das Herz voll ist, des geht der Mund über« (ebenso Matthäus 12,34). Der lateinische Originaltext, in genauer Wiedergabe der griechischen Vorlage, lautet *ex abundantia cordis os loquitur*, wörtlich übersetzt »aus dem Überfluss des Herzens spricht der Mund«. Diese sehr abstrakte Formulierung war Luther nicht sprechend genug, einfach kein verständliches Deutsch. Er begründete seine freie Übersetzung in seinem »Sendbrief vom Dolmetschen« (1530) so: »Wenn ich den Eseln soll folgen, die werden mir die Buchstaben vorlegen, und so dolmetschen: Aus dem Überfluss des Herzens redet der Mund. Sage mir, ist das deutsch geredet? Welcher deutscher verstehet solches? Was ist Überfluss des Herzens für ein Ding? Das kann kein Deutscher sagen, er wollte denn sagen, dass einer allzu ein großes Herz habe oder zu viel Herz habe, wiewohl das auch noch nicht recht ist: denn Überfluss des Herzens ist kein Deutsch, so wenig, wie das deutsch ist: Überfluss des Hauses, Überfluss des Kachelofens, Überfluss der Bank, sondern so redet die Mutter im Haus und der gemeine Mann: Wes das Herz voll ist, des geht der Mund über.«

Hier griff Luther offenbar auf ein in seiner Zeit schon bekanntes Sprichwort zurück, ein Sprichwort, das es analog auch in anderen Sprachen gibt, z. B. tschechisch *Co na srdci, to na jazyku*. Für viele sind heute die Genitivformen *wes* und *des* fremd, weswegen man auch häufig den Dativ hört: *Wem das Herz voll ist, dem geht der Mund über*, und dazu auch *läuft der Mund über*.

Heulen und Zähneklappern

Eine Bekannte erzählte mir einmal von der Kirmes, die sie mit ihrer fünf Jahre alten Tochter besucht hatte. Eine besondere Attraktion war damals die neue Geisterbahn. Auf dem Eingangsschild stand: »Sie werden sich wünschen, wieder draußen zu sein, denn es wird Heulen und Zähneklappern geben. Halten Sie Ihr Kind gut fest!« Die beiden ließen sich nicht abschrecken. Und tatsächlich: Weder Mutter noch Tochter heulten und klapperten mit den Zähnen, sondern nur die Gespenster der Kulissen. Das Mädchen lachte jedes Mal und freute sich auf das nächste Schreckgespenst.

Dieser Ausdruck kommt im Neuen Testament sechsmal vor und beschreibt die Schrecken der Hölle (z. B. Matthäus 8,12): »Da wird sein Heulen und Zähneklappen.« Erst in der Revision 1984 (und jetzt auch 2017) wurde *Zähneklappen,* mit dem Luther griechisch *brygmos ton odonton* / lateinisch *stridor dentium* übersetzte, zum heute üblichen *Zähneklappern* geändert. Freilich ist beides nicht korrekt. In der Elberfelder Übersetzung und in den meisten Neuübersetzungen nach ihr heißt es richtiger *Heulen und Zähneknirschen.*

Luthers Ausdruck ist bis heute lebendig, auch wenn er in der Regel eher scherzhaft gebraucht wird. Das *Heulen und Zähneknirschen* hingegen hat sich nicht durchgesetzt, denn damit bringt man niemanden in die Geisterbahn. Mit den Zähnen knirscht man, wenn man in einer schlimmen Situation steckt, die man nicht ändern kann. Genau das ist in den Bibelstellen gemeint: nicht so sehr die Angst vor der Hölle, sondern das andauernde Erkennen der ewigen Verdammnis. Im Judentum galt Zähneknirschen im Übrigen als Zeichen der Gottlosigkeit.

Hochmut kommt vor dem Fall

Umgangssprachlich werden im katholischen Glauben Hochmut, Geiz, Wollust, Zorn, Völlerei, Neid und Faulheit als die sieben Todsünden bezeichnet. Diese Ausdrucksweise ist nicht ganz korrekt; vielmehr müsste man von den sieben Hauptlastern oder den sieben schlimmsten Charaktereigenschaften reden, die in der Regel sündhaftes Verhalten nach sich ziehen. Der Hochmut (lateinisch *superbia*), der in den Aufzählungen immer am Anfang steht, ist dabei in vielen Erklärungen das schlimmste Laster und wird direkt Luzifer, dem Satan, zugeordnet.

Die Redensart *Hochmut kommt vor dem Fall* war wohl schon zu Luthers Zeit sprichwörtlich; sie findet sich in Sprüche Salomos 16,18: »Wer zu Grunde gehen soll, der wird zuvor stolz, und Hochmut kommt vor dem Fall«; Luther schaute hier wie so oft dem Volk aufs Maul und übernahm die Redensart für seine Übersetzung.

Besonders im Alten Testament wird in der Bibel sehr häufig vom Laster des Hochmuts gesprochen. Das Wort ist zuerst im Mittelhochdeutschen belegt. Es ist bemerkenswert, dass das Wort *hoher muot* vor allem positiv gebraucht wurde: Es bezeichnete zunächst »gehobene Stimmung, hohes Selbstgefühl« und erst nachrangig »Stolz, Überheblichkeit«. Inzwischen ist die positive Konnotation gänzlich verschwunden. Hochmut im negativen Sinne gilt als Quelle vieler Übel. Die Redensart warnt davor: Wer überheblich und arrogant ist, stolpert nicht selten darüber und wird selbst erniedrigt. Goethe hielt Hochmut übrigens für eine typisch männliche Eigenschaft; in seinen »Maximen und Reflexionen« lesen wir: »Drei Klassen von Narren: die Männer aus Hochmut, die Mädchen aus Liebe, die Frauen aus Eifersucht.«

Langmut

»Wer hat mich wunderbar bereitet?
Der Gott, der meiner nicht bedarf.
Wer hat mit Langmut mich geleitet?
Er, dessen Rat ich oft verwarf.«
Christian Fürchtegott Gellert

Luther übersetzte das griechische Wort *makrothymia* mit *Langmut*, was so viel wie »Geduld« bedeutet, z. B. in 2. Timotheus 3,10: »Du aber bist nachgefolgt meiner Lehre, meiner Weise, meiner Meinung, meinem Glauben, meiner Langmut, meiner Liebe.« Hier wie auch an anderen Stellen und in dem Vers des aufklärerischen Dichters und Philosophen Gellert ist Langmut eine Eigenschaft Gottes. Eine besonders schöne Darstellung der Langmut Jesu findet sich übrigens in Goethes »Legende vom Hufeisen«.

Auch im heutigen Sprachgebrauch sind *Geduld* und *Langmut* weitgehend synonym. Das zeigt sich unter anderem darin, dass sie häufig als Begriffspaar auftauchen, um eine Leistung besonders hervorzuheben, etwa wenn ein Redner sich bei der Leiterin einer Parlamentskommission so bedankt: »… denn ihr Langmut und ihre Geduld wurden von uns mitunter bis aufs Äußerste strapaziert« (Protokoll der Sitzung des Thüringer Landtags am 30. 1. 2004). Dennoch werden sie bisweilen auch gegeneinander gestellt: »Geduld bedeutet aber nicht Langmut. Wir dürfen unsere Partner nicht aus ihrer Verantwortung für eine entwicklungs- und armutsorientierte Politik entlassen« heißt es im Protokoll der Sitzung des Deutschen Bundestags vom 19. 5. 2000 – hier wurde offenbar der Bestandteil *lang* wörtlich genommen. Man wolle geduldig sein, aber nicht auf Dauer.

Lästermaul

Als ich für diesen Artikel im Referenzkorpus der deutschen Gegenwartssprache nach dem Ausdruck Lästermaul recherchierte, war ich sehr überrascht, wer dort alles mit diesem Ausdruck belegt wurde. Natürlich waren auch Namen dabei, die ich durchaus erwartet hatte, dass aber in den 627 Belegen, die man dort findet, weit über 200 Personen als Lästermaul bezeichnet werden, unter ihnen etwa der Herzog von Edinburgh Prinz Philip, hat mich doch erstaunt.

Es ist wenig wahrscheinlich, dass Luther diesen Ausdruck selbst gebildet hat – Lästermäuler gab und gibt es überall. Der französische Dichter François Villon dichtete schon gegen 1460 seine »Ballade von den Lästerzungen« (Übersetzung: Paul Zech). In den Sprüchen Salomos (2,24) steht in der Übersetzung: »Tue von dir den verkehrten Mund und laß das Lästermaul ferne von dir sein.« Weil die Formulierung für heutige Leser nicht ganz eindeutig ist – soll man das Lästermaul meiden oder selbst keines sein? – übersetzt die Revision 2017 klarer: »Tu von dir die Falschheit des Mundes und sei kein Lästermaul.« Luther betitelte mit dem Ausdruck *Lästermaul* oder auch *Lästerzunge* vor allem seine Kritikern, z. B. in seinem Schlusswort der Schrift »Wider Hans Worst« von 1541: »Das sei diesmal … wider das Lästermaul der Katholiken gesagt.« Allerdings zahlten seine Gegner ihm das mit gleicher Münze zurück; Thomas Müntzer beschwerte sich 1524 »du hast mich mit deinem Lästermaul öffentlich einen Teufel gescholten. Ja, du tust's mit allen Widersachern so« und schrieb auch in einem Brief an Friedrich den Weisen von Luther als dem Lästermaul.

Jemandem geht ein Licht auf

Als ich angefangen habe, dieses Buch zu schreiben, hatte ich über Luther und die Sprache seiner Zeit eine recht klare Vorstellung. Bei der Lektüre vieler Bücher, der Bibelstellen und beim Schreiben ist mir dann immer wieder aufs Neue ein Licht aufgegangen; mir wurde klar, dass es sich mit Luther und seiner Sprache doch nicht so einfach verhält, wie das in vielen Darstellungen steht.

Eine biblische Bezugsstelle ist Matthäus 4,16: »Das Volk, das im Finstern saß, hat ein großes Licht gesehen; und denen, die saßen am Ort und im Schatten des Todes, denen ist ein Licht aufgegangen.« Luther übersetzte hier ganz wörtlich sowohl den griechischen Urtext als auch die Vulgata. Der Ausdruck fällt auch in Psalm 97,11: »Dem Gerechten muss das Licht immer wieder aufgehen und Freude den frommen Herzen«. Das aufgehende Licht, von dem die Bibel spricht, ist die Gnade Gottes. Heute verwenden wir die Redewendung gänzlich unabhängig vom religiösen Kontext.

Das Licht wird in allen Kulturen der Welt als Metapher für das Erkennen und Verstehen der Wahrheit verwendet. Etwas verstehen bedeutet, dass Licht ins Dunkel (das ist der ebenfalls metaphorisch benutzte Gegensatz) kommt. Die Epoche der Aufklärung heißt englisch *enlightenment*, französisch *l'époque des lumières*, spanisch *siglo de las luces*. Sie wurde verstanden als die Zeit, die nach den dunklen Jahrhunderten des Mittelalters das Licht der Vernunft zum Leuchten brachte. Wenn die Sonne aufgeht, bringt sie das Licht nach dem Dunkel der Nacht – und auch dem, dem völlig unversehens oder nach langem Bemühen ein Licht aufgeht, wird eine Sache klar, weil sie nicht mehr im Dunkeln liegt.

sein Licht leuchten lassen

1994 wurde Nelson Mandela der erste schwarze Präsident Südafrikas. In seiner ersten Rede war ihm das biblische Wort vom Licht besonders wichtig. Er zitierte insbesondere mit Blick auf seine schwarzen Mitbürger Marianne Williamsons »A return to love«: »Unsere tiefste Angst ist es nicht, ungenügend zu sein. Unsere tiefste Angst ist es, dass wir über alle Maßen kraftvoll sind. Es ist unser Licht, nicht unsere Dunkelheit, das wir am meisten fürchten. ... Dich klein zu machen nützt der Welt nicht. ... Wir alle sind aufgefordert, wie die Kinder zu strahlen. Wir wurden geboren, um die Herrlichkeit Gottes, die in uns liegt, auf die Welt zu bringen. Sie ist nicht in einigen von uns, sie ist in jedem. Und indem wir unser eigenes Licht scheinen lassen, geben wir anderen Menschen unbewusst die Erlaubnis, das Gleiche zu tun.«

Die Stelle Matthäus 5,14–16 hat Martin Luther oft zitiert. Jesus sagt in der Bergpredigt zu den vielen, die gekommen sind, um ihn predigen zu hören: »Ihr seid das Licht der Welt. ... Also lasst euer Licht leuchten vor den Leuten, dass sie eure guten Werke sehen und euren Vater im Himmel preisen.« Was die Bibel hier meint, ist nicht, sein eigenes Licht leuchten zu lassen, sondern das Licht Gottes, das auf der Erde vor allem durch die Christen strahlt.

Der heutige Sprachgebrauch weiß davon nichts mehr. Sein Licht leuchten lassen heißt, es nicht unter den Scheffel zu stellen, zu zeigen, was man so drauf hat. Dass das für viele Menschen gar nicht so leicht ist, ist das Bemerkenswerte an dem eingangs zitierten Text.

sein Licht unter den Scheffel stellen

Als ich einmal nach einer großartigen Prüfung einer Studentin begeistert gratulierte, meinte sie, das sei doch gar nicht der Rede wert gewesen, sie hätte ja nur aufgrund der gelesenen Literatur die Fragen beantwortet. Ich antwortete, sie solle mal ihr Licht nicht so unter den Scheffel stellen, woraufhin sie mich groß ansah: »Was meinen Sie denn damit?«

Auch heute noch wird sehr häufig davon gesprochen, dass man sein Licht nicht unter den Scheffel stellen solle, aber die meisten Menschen wissen nicht mehr, was das ursprünglich bedeutet. In Luthers Bibelübersetzung heißt es: »Ihr seid das Licht der Welt. ... Man zündet auch nicht ein Licht an und setzt es unter einen Scheffel, sondern auf einen Leuchter; so leuchtet es denn allen, die im Hause sind. Also laßt euer Licht leuchten vor den Leuten, daß sie eure guten Werke sehen und euren Vater im Himmel preisen« (Matthäus 5,14–16). Es geht also darum, das, was man ist und was man kann, auch vorzuzeigen.

Der Scheffel ist ein altes Hohlmaß (griechisch *modion*) für Getreide. Zu Luthers Zeit war ein solches Messgerät in jedem Haushalt vorhanden. Wenn man den Scheffel umkehrte und über eine Kerze stellte, sah man ihr Licht nicht mehr. In der Revision des evangelischen Bibeltextes von 1975, die sehr rasch wieder überarbeitet wurde (1984 und wieder 2017), hatte man das heute ungebräuchliche Wort *Scheffel* durch *Eimer* ersetzt, was dieser Ausgabe des Neuen Testaments den spöttischen Namen *Eimertestament* einbrachte. Es ist durchaus denkbar, dass Luther selbst dieser Veränderung zugestimmt hätte, weil die Bedeutung des Wortes *Scheffel* bereits 1975 nur noch den wenigsten bekannt war und er grundsätzlich Wörter benutzen wollte, die der Hörer oder Leser auch kannte. Noch radikaler ist übrigens die Volxbibel, wo die entsprechende Stelle lautet. »Wenn du dir eine Lampe für dein Zimmer besorgst und sie nachts anmachst, dann stellst du sie doch auch nicht unters Bett«. Im Sinne einer Übersetzung nach dem Sinn ist diese Version vielleicht Luthers Art des Dolmetschens durchaus nahe (siehe Seite 28 ff.).

Erhalten ist das Wort *Scheffel* heute auch noch als Verb – wenn einer z. B. Geld *scheffelt* wie Onkel Dagobert.

» Siehe auch *sein Licht leuchten lassen*

Lippe

»In gepützelten Vorgärten grinsen hinterhältige Zwerge mit roten Mützen, im strahlend blauen Himmel knattert eine deutsche Fahne, und an der Lefze des Kampfhundes, den unser Gesprächspartner, ein junger Mann mit rasiertem Kopf, knappem T-Shirt und Tarnhosen, an strammer Leine hält, hängt hartnäckig und irritierend einer jener Speichelfäden, die nie zu Boden fallen« (Neue Zürcher Zeitung, 12.7.2008). Da muss man sich schon auf die Lippen beißen, wenn man das liest.

Zu Luthers Zeit war in den meisten Teilen Deutschlands für *Lippe* das Wort *Lefze* gebräuchlich – auch wo von Menschen die Rede war. Luther aber verwendete in seinen Texten immer das aus dem Niederdeutschen stammende Wort *Lippe*, das nach Auskunft aller etymologischen Wörterbücher erst ab dem 14. Jahrhundert belegt ist. *Lippe* jedoch war (wie eine Reihe anderer von Luther gebrauchter Wörter) den Süddeutschen unbekannt. Deshalb enthielten damals in Süddeutschland gedruckte Exemplare seiner Bibelübersetzung Glossare, hier also den Übersetzungshinweis, dass das im Oberdeutschen unbekannte Wort *Lippe* so viel bedeute wie *Lefftze* (zuerst im Basler Druck des Septemberevangeliums von 1523). Und dennoch las man noch für längere Zeit in Texten des oberdeutschen Sprachraums *Lefze* statt *Lippe*. Der Spruchdichter und Meistersinger Hans Sachs etwa dichtete »holdselig sind die leffzen dein« und im »Volksbuch vom Doktor Faust« heißt es »diese Helena erschiene … mit schönen kollschwarzen augen, ein lieblich angesicht, mit einem runden köpflein, jre leffzen rot wie kirschen.« Noch Ende des 18. Jahrhunderts vermerkt das Wörterbuch von Adelung – quasi der damalige Duden –, dass *Lefze* im oberdeutschen gehobenen (!) Sprachgebrauch noch für *Lippe* verwendet werde. Aber gewiss würden Sie heute nicht sagen, dass Sie Ihre Geliebte oder Ihren Geliebten sanft auf die Lefzen geküsst haben. Denn seit dem 19. Jahrhundert gibt es alltagssprachlich die klare Aufteilung: Menschen haben Lippen, Tiere aber, besonders Hunde, haben *Lefzen*. Fachsprachlich wird in der Biologie freilich auch bei Tieren von *Lippen* gesprochen.

Lockvogel

In sehr vielen Episoden der bekannten Fernsehsendung »Verstehen Sie
Spaß?«, in der Menschen vor versteckter Kamera in unerwartete Situationen gebracht werden, setzt man einen Lockvogel ein, der die Personen, die man hereinlegen will, in die geeignete Lage bringen soll. Dass
diese Tätigkeit etwas mit locken zu tun hat, leuchtet ein – aber Vogel?
Hier hilft ein Blick in Schillers Drama »Die Verschwörung des Fiesko zu
Genua« weiter:

> Mohr: Was steht zu Befehl? Die Nase des Spürers oder der Stachel
> des Skorpions?
> Fiesko: Für jetzt des Lockvogels Schlag.

»Des Lockvogels Schlag« wird bei Schiller schon im übertragenen Sinne
gebraucht – der Mohr soll die getarnten Verschwörer in die Stadt
locken. Die Wendung geht auf das Verfahren zurück, mit dem Gesang
eines Lockvogels andere Vögel anzulocken. In der Vergangenheit, in
Südeuropa leider bis heute, wurden lebende Vögel in Käfigen bei der
Jagd auf Singvögel eingesetzt, um die Artgenossen anzulocken und in
die aufgestellten Fangnetze fliegen zu lassen. (Heute ist das glücklicher-
weise in den meisten europäischen Ländern verboten.)

Auf diese Jagdmethode bezieht sich eine der Bibelstellen, in denen
Luther das Wort *Lockvogel* verwendete: »Ein falsches Herz ist wie ein
Lockvogel im Korbe und lauert, wie es dich fangen möge« (Sirach 11,31).
Luther übersetzte hier sehr frei. Im Ursprungstext ist im Buch Sirach
von einem Rebhuhn im Käfig die Rede, das als Lockvogel eingesetzt
wurde; das berücksichtigt auch die Revision 2017: »Ein Rebhuhn als
Lockvogel im Korb – so ist das Herz des Hochmütigen, er lauert wie ein
Späher auf deinen Untergang.« Im Gegensatz zu anderen Bibelstellen,
in denen er einen konkreten Ausdruck dem abstrakten vorzog, wählte
Luther hier den abstrakten Ausdruck *Lockvogel*, weil zu seiner Zeit Reb-
hühner nicht mehr zu diesem Zweck eingesetzt wurden.

Lückenbüßer

Meine Karriere als Fußballspieler war eher bescheiden. Wenn zum Abschluss des Sportunterrichts noch eine Viertelstunde Fußball gespielt wurde, war ich immer der Lückenbüßer, der ins Tor musste – sonst wollte da niemand hin. Als ich einmal für die Mannschaft des germanistischen Seminars in München spielen sollte, war das nach kurzem Aufwärmen genauso. Immerhin habe ich einen Ball, na ja, gehalten. Später war ich dann bei Siegfried Materborn in Kleve Jugendtrainer, weil sich sonst niemand fand, der sich der zweiten Mannschaft der acht- bis zwölfjährigen Jungkicker (die konnten zuerst genauso wenig gut spielen wie ich) annehmen wollte – ein Lückenbüßer eben.

Das Wort *Lücke* bedeutete schon immer »offene Stelle, durch die ein Zusammenhang unterbrochen ist«, z. B. *Zaun-* oder *Zahnlücke* oder *Lücke im Text*. Später weitete sich der Gebrauch aus, sodass eine Lücke etwas wurde, was nicht ausreichend vorhanden ist, z. B. eine *Wissenslücke*. Die Schreibung *Lücke* gegen das frühere *Lucke* setzte sich mit der Bibelübersetzung Luthers durch.

Das deutsche Verb *büßen* bedeutete ursprünglich »(aus)bessern, flicken«. Ein *Büßer* ist der, der sich bessert. Wie die beiden Wörter zusammenkamen, lässt sich an der folgenden Bibelstelle sehr schön sehen. Luther schrieb: »Da aber Saneballat und Tobia und die Araber und Ammoniter und Asdoditer höreten, daß die Mauern zu Jerusalem zugemacht waren, und daß sie die Lücken angefangen hatten zu büßen, wurden sie sehr zornig« (Nehemia 4,1). Die Bibelversion von 2017 übersetzt verständlicher: »Als aber Sanballat und Tobija und die Araber und Ammoniter und Aschdoditer hörten, dass die Wunden der Mauern Jerusalems heilten, weil die Lücken angefangen hatten sich zu schließen, wurden sie sehr zornig«.

Der *Lückenbüßer* ist demnach zunächst nur einer, der eine Lücke ausbessert. Allerdings wird das Wort heute kaum mehr wertfrei benutzt – der Lückenbüßer ist letztlich nicht der, der eigentlich auf diesen Platz gehört, sondern eher eine Notlösung.

 » Siehe auch *Buße*

Machtwort

Als ich Dekan der Erziehungswissenschaftlichen Fakultät der Universität zu Köln war, wurde von mir in den verschiedensten Auseinandersetzungen um Berufungen, Mittelverteilung, Raumvergabe usw. immer wieder einmal verlangt, ich solle doch ein Machtwort sprechen. Ich glaube, ich habe das nie gemacht, weil es mir immer darum ging, dass Entscheidungen im Konsens gefällt werden. Aber von Eltern und Politikern wird, wenn man der Presse Glauben schenken darf, ständig ein Machtwort erwartet – über 10 000 Belege zählt das Referenzkorpus der deutschen Gegenwartssprache dafür, dass ein Machtwort gesprochen wurde oder (endlich) gesprochen werden sollte.

Machtwort ist wahrscheinlich tatsächlich eine Bildung von Martin Luther. Er schreibt in seiner Abhandlung »Vom Abendmahl Christi«: »Als Sonn und Mond dastund, da er sprach (1. Mose 1,16): Es sei Sonn und Mond, und war kein Lügenwort: so ist sein Wort freilich nicht ein Nachwort, sondern ein Machtwort, das da schaffet, was es lautet.« Die Schöpfungsgeschichte der Bibel handelt vom Sprechen Gottes, das die Welt schafft. Die Verse, auf die Luther hier Bezug nahm, lauten in seiner Übersetzung: »Und Gott sprach: Es werden Lichter an der Feste des Himmels, die da scheiden Tag und Nacht und geben Zeichen, Zeiten, Tage und Jahre und seien Lichter an der Feste des Himmels, daß sie scheinen auf Erden. Und es geschah also. Und Gott machte zwei große Lichter: ein großes Licht, das den Tag regiere, und ein kleines Licht, das die Nacht regiere, dazu auch Sterne« (1. Mose 1,14–16).

Das heutzutage gesprochene Machtwort des Vorsitzenden, des Dekans, des Vaters oder der Mutter schafft allerdings in der Regel nichts Neues, sondern führt eine endgültige Entscheidung herbei. In der Kirchengeschichte gilt dies seit Augustinus: Der Satz »Roma locuta, causa finita« (Rom hat gesprochen, die Sache ist beendet) ist ein päpstliches Machtwort. Martin Luther, wie man weiß, hat das nicht akzeptiert.

das Maul halten

»Was ich zu Bachs Lebenswerk zu sagen habe: Hören, spielen, lieben, verehren und – das Maul halten!« wird Albert Einstein in einer Umfrage der Illustrierten Wochenschrift von 1928 zitiert. Das versteht und akzeptiert man. Wenn man freilich beim Einkaufen angerempelt wird und sich darüber beschwert, der Rempler aber mit »halt's Maul« antwortet, dann überlegt man schon, ob das richtig ist. Im Internet gibt es Hunderte von Seiten, auf denen die Frage diskutiert wird, ob die Äußerung den rechtlichen Tatbestand der Beleidigung erfüllt. Klar ist nur eines: Zu einem Polizisten darf man das nicht sagen, denn den darf man nicht ohne Weiteres duzen.

In seiner Bibelübersetzung benutzte Luther den Ausdruck zweimal: »Liebe Kinder, lernet das Maul halten; denn wer es hält, der wird sich mit Worten nicht vergreifen« (Sirach 23,7). »Sie antworteten ihm: Schweige und halte das Maul zu und ziehe mit uns« (Richter 18,19). Auch im Großen Katechismus schrieb er im Zusammenhang mit dem achten Gebot »Du sollst nicht falsch Zeugnis reden wider deinen Nächsten« mehrfach davon, z. B.: »Desgleichen auch, wenn Dir ein anderer etwas zu Ohren trägt, was dieser oder jener getan hat, lehre ihn auch so, daß er hingehe und ihn selbst strafet, wo ers gesehen hat; wo nicht, daß er das Maul halte.« Auch in anderen Texten nimmt Luther da kein Blatt vors Maul, äh, vor den Mund.

Obwohl das Wort *Maul* auch schon zu Luthers Zeiten eigentlich nur das Tiermaul bezeichnete, wurde der Ausdruck bei der Anwendung auf Menschen vermutlich als weniger derb empfunden als heute. Es wurde immer dann anstelle von *Mund* verwendet, wenn von überflüssigem, unsinnigem oder frevelhaftem Sprechen die Rede ist. Im Laufe der Zeit wurde aber an den oben zitierten Bibelstellen *Maul* durch *Mund* ersetzt, nicht aber in der Redeweise *jemandem das Maul stopfen*.

 » Siehe auch *Das Maul stopfen, Seine Zunge im Zaum halten*

das Maul stopfen

Dem Gegner werde man schon das Maul stopfen, das sagen Sportler, nicht nur Boxer oder Fußballer, gerne und meinen damit, dass man es denen schon zeigen werde, die da vorher so großmäulig waren. Auch mit der wörtlichen Bedeutung spielt man gerne: »Ausnahmsweise gab es ein Buffet, aufgetischt waren Kartoffelsalat, Bockwürstchen und Frikadellen. ›Da will uns wohl jemand das Maul stopfen‹, unkte ein Abgeordneter, während er vor dem Saal der CDU/CSU auf sein Essen wartete. Dicke Luft bei der Sondersitzung der Union zur geplanten Euro-Rettung.« Das war in der Berliner Morgenpost am 9.2.2008 zu lesen.

Luther benutzte den Ausdruck sehr gerne. In der Bibelübersetzung heißt es z.B.: »Da aber die Pharisäer hörten, wie er den Sadduzäern das Maul gestopft hatte, versammelten sie sich‹ (Matthäus 22,34). »Denn es sind viel freche und unnütze Schwätzer und Verführer, sonderlich die aus den Juden, welchen man muß das Maul stopfen, die da ganze Häuser verkehren und lehren, was nicht taugt, um schändlichen Gewinns willen« (Titus 1,11). Häufig findet sich der Ausdruck aber auch in seinen Schriften, wenn es darum geht, sich gegen andere Meinungen zu behaupten: »Dieweil aber Paulus gebietet, den unnützen Schwätzern das Maul zu stopfen« (»Vom unfreien Willen«, mit Bezug auf die zitierte Titus-Stelle).

In der revidierten Bibelübersetzung von 2017 wird zwar *das Maul halten* immer durch *den Mund halten* ersetzt, nicht aber *das Maul stopfen* durch *den Mund stopfen*. Interessant ist, dass sich in Luthers Schriften mindestens zweimal auch diese Version findet, z.B. »Hier haben sie tatsächlich [etwas], womit sie mir den Mund stopfen können« (»Von der babylonischen Gefangenschaft der Kirche‹) Dieser Gebrauch ist heute aber nicht mehr üblich.

Der Mensch lebt nicht vom Brot allein

Als die damalige Ministerpräsidentin von Schleswig-Holstein, Heide Simonis, in einem Fernsehgespräch mit Günter Gaus über finanzielle Engpässe sprach und meinte:»Aber der Mensch lebt nicht vom Brot allein, wie schon Goethe sagte«, entgegnete ihr der Moderator:»Da muss ich Sie korrigieren, Frau Simonis: Das Zitat stammt nicht von Goethe, sondern von Bertolt Brecht.« Ein Kommentar in»Stimmen der Zeit« überlegte dazu, was es bedeute,»wenn selbst akademisch Gebildete nicht mehr wissen, aus welchen Quellen und Zusammenhängen religiöses Gedanken- und Sprachgut stammt, das sie immerhin noch kennen«.

Gaus und Simonis, beide waren nicht allein in der falschen Zuschreibung des Zitats, das auf eine Bibelstelle zurückgeht. Luther kommentierte sie in seiner Schrift»Vom unfreien Willen« so: Gott könnte uns»ohne Brot ernähren und er hat tatsächlich die Kraft, ohne Brot zu ernähren, gegeben, wie Matthäus 4,4 sagt: ›Der Mensch lebt nicht vom Brot allein, sondern vom Worte Gottes.‹ Dennoch hat es ihm gefallen, uns äußerlich durch Brot und mit Brot, innerlich mit seinem Wort zu ernähren«. In der zitierten Bibelstelle versucht der Teufel den seit 40 Tagen in der Wüste hungernden Jesus dazu zu veranlassen, Steine in Brot zu verwandeln. Luther sagte dazu in einer Predigt zum Sonntag Invocavit»So ist also des Teufels Eingeben dies: er [Jesus] soll allein an das Brot denken und Gottes Wort nicht weiter achten, als dass er Brot habe.«

Der Volksmund kennt die Redewendung noch und wendet sie wenig biblisch um in»der Mensch lebt nicht vom Brot allein, es darf auch Wurst und Käse sein«. Die oft geäußerte Vermutung, die Redensart stamme von Brecht, ist wahrscheinlich auf seine»Dreigroschenoper« zurückzuführen. In der Ballade des Gangsters Macheath heißt es:»Erst kommt das Fressen, dann kommt die Moral. Erst muß es möglich sein auch armen Leuten vom großen Brotlaib sich ihr Teil zu schneiden. Denn wovon lebt der Mensch?« Brecht geht es hier aber vor allem darum, dass der Mensch ohne Brot eben nicht leben kann.

Mördergrube

»Bei Anbruch der Nacht fanden sie ein Wirtshaus und gingen hinein. Der Diener gab dem Wirt den Raben, den er zum Abendessen bereiten sollte. Sie waren aber in eine Mördergrube geraten, und in der Dunkelheit kamen zwölf Mörder und wollten die Fremden umbringen und berauben«. So heißt es in dem unbekannteren Märchen »Das Rätsel« aus den Kinder- und Hausmärchen der Brüder Grimm.

Das griechische *spelaion lestoon* und das lateinische *spelunca latronum* bedeuten wörtlich »Räuberhöhle«. Luther aber wählte dafür den Ausdruck *Mördergrube*: »Haltet ihr denn dies Haus, das nach meinem Namen genannt ist, für eine Mördergrube?« (Jeremia 7,11). Mit Bezug darauf verwendete er das Wort *Mördergrube* in allen vier Evangelien, z. B. in Markus 11,17: »Steht nicht geschrieben: ›Mein Haus soll heißen ein Bethaus allen Völkern‹? Ihr aber habt eine Mördergrube daraus gemacht.« Im Revisionstext der Lutherbibel 2017 wurde das Wort *Mördergrube*, philologisch korrekt, durchweg durch *Räuberhöhle* ersetzt.

Bis weit ins 19. Jahrhundert wurden *Räuberhöhle* und *Mördergrube* synonym gebraucht. Dieser Gebrauch von *Mördergrube* ist heute aber nur noch ganz vereinzelt anzufinden. Sehr häufig ist dagegen die Redewendung *aus seinem Herzen keine Mördergrube machen*. Mit dem etwas schwer verständlichen Ausdruck ist gemeint, dass jemand frei, offen, ehrlich und ohne falsche Rücksichten spricht; man hat in seinem Herzen keine schlimmen, furchtbaren Gedanken wie in einer Räuberhöhle verborgen. Vielfach heißt es, dieser Ausdruck sei durch Äußerungen des Reichskanzlers Otto von Bismarck ein geflügeltes Wort geworden. Der Ausdruck ist aber schon bei Wilhelm Raabe in der Mitte des 19. Jahrhunderts in ganz unauffälliger Weise in seinem Roman »Abu Telfan« belegt.

Morgenland

Einem meiner Söhne erzählte ich einst von den Weisen aus dem Morgenland, die zur Krippe kamen, und er wollte wissen, ob damit das Land der Zukunft gemeint sei. Nachdem ich das verneint hatte, fragte er nach dem Mittag-, dem Abend- und dem Nachtland. Das Abendland konnte ich ihm noch erklären …

Dies ist eines der Wörter, die Luther wohl selbst neu gebildet hat. »Da Jesus geboren war zu Bethlehem im jüdischen Lande, zur Zeit des Königs Herodes, siehe, da kamen die Weisen vom Morgenland nach Jerusalem und sprachen: Wo ist der neugeborene König der Juden?« (Matthäus 2,1). Luther übersetzte hier die griechischen bzw. lateinischen Ausdrücke *apo anatolon / ab oriente* »vom Aufgang« verdeutlichend. Gemeint ist ein Land, das in der Richtung liegt, in der die Sonne aufgeht (also im Orient oder z. B. *Anatolien*). Er benutzte den Ausdruck *Morgenland* auch in seiner Übersetzung des Alten Testaments, wo es wieder um die Himmelsrichtung Osten geht: »Aber den Söhnen, die er von den Nebenfrauen hatte, gab er Geschenke und schickte sie noch zu seinen Lebzeiten fort von seinem Sohn Isaak, nach Osten hin ins Morgenland« (1. Mose 25,6) sowie »Und wenn Israel etwas säte, so kamen die Midianiter und Amalekiter und die aus dem Morgenlande herauf über sie und lagerten sich wider sie und verderbten das Gewächs auf dem Lande« (Richter 6,3). Alle vier Himmelsrichtungen werden genannt in Lukas 13,29: »Und es werden kommen vom Morgen und vom Abend, von Mitternacht und vom Mittage, die zu Tische sitzen werden im Reich Gottes.« In der griechisch-lateinischen Vorlage sind Osten und Westen nach dem Gang der Sonne benannt, Norden und Süden aber nach den entsprechenden Winden. Luther verändert die Stelle geschickt und verwandelt die Windrichtungen in zeitliche Ausdrücke. In der Revision 2017 werden die vier Himmelsrichtungen gemäß dem heutigen Sprachgebrauch benannt.

Bemerkenswert ist, dass *Abendland* (Okzident), der dem *Morgenland* entsprechende Ausdruck, bei Luther noch fehlte und auch bis zum Ende des 17. Jahrhunderts in Wörterbüchern bestenfalls als Plural verzeichnet wurde. Die kulturelle Konnotation von *Abendland* »europäisch, westlich« ist erst ab der Goethezeit zu finden. In dem Maße, wie mit *Abendland* die europäische/westliche Kultur bezeichnet wurde, verschwand der komplementäre Ausdruck *Morgenland* aus dem geografischen und kulturpolitischen Gebrauch.

nacheifern

»Die älteren Kinder und Jugendlichen können im Anschluß an einem Streetball-Turnier teilnehmen und ihren – im wahrsten Sinne des Wortes – großen Basketballvorbildern nacheifern.« So war es im »Mannheimer Morgen« am 13.6.1998 zu lesen. Gemeinhin wird gefordert, dass die Jüngeren den Älteren nacheifern sollen – aber es geht auch umgekehrt: »›Wir Kinder sind ein Beispiel für euch, ihr großen Leut: Denkt doch an unsre Umwelt, wir zeigen es euch heut‹, sangen die zahlreichen Müllsammler. Die Erwachsenen können den Kindern am heutigen Samstag nacheifern« (Rhein-Zeitung, 18.03.2006).

Es ist eher unwahrscheinlich, dass Luther das Wort *nacheifern* selbst gebildet hat – aber er hat es mehrfach verwendet und damit zu seiner Verbreitung entscheidend beigetragen. In den Sprüchen Salomos (3,31) übersetzte er: »Eifere nicht einem Frevler nach und erwähle seiner Wege keinen«; in der Revision 2017 fehlt das Wort *nacheifern*, wenn es heißt: »Sei nicht neidisch auf den Gewalttätigen und erwähle seiner Wege keinen …« Im Römerbrief (11,11) wählte er die Formulierung: »Sondern aus ihrem Fall ist den Heiden das Heil widerfahren, auf daß sie denen nacheifern sollten.« In der Revision 2017 allerdings heißt es, dass die Heiden »eifersüchtig« werden sollen. In seinem »Sermon über die zwiefache Gerechtigkeit« schließlich beschrieb er den Kern seines Glaubensverständnisses: »Denn gerade das fordert auch Christus, daß so, wie er alles für uns getan und nicht das Seine, sondern allein das Unsere gesucht hat, und damit Gott dem Vater vollkommen gehorsam gewesen ist, so will er, daß auch wir also diesem Beispiel unsern Nächsten gegenüber durch die Tat nacheifern.« Eine wesentliches Bedeutungsmerkmal von *nacheifern* ist es also, dass es ein positives Vorbild gibt.

» Siehe auch *Feuereifer*

Niemand kann zwei Herren dienen

Eine Bekannte von mir arbeitet in einer Apotheke. Eines Tages eröffnete ihr der Chef, dass sie ab sofort abwechselnd in der gewohnten Adlerapotheke und bei der Konkurrenz, der Hirschapotheke am anderen Ende der Straße, arbeiten solle. Man habe da ein Agreement getroffen, fügte er hinzu; eigentlich sei sein Konkurrent ja auch ganz nett, sie werde da schon zurechtkommen. Mit den Worten »niemand kann zwei Herren dienen« kündigte sie eine Woche später. Die Sache mit dem friedlichen Nebeneinander von Adler und Hirsch hat übrigens auch nicht geklappt ...

Die sprichwörtliche Weisheit geht auf die Bergpredigt zurück. Luther übersetzte ganz wörtlich: »Niemand kann zwei Herren dienen: entweder er wird den einen hassen und den andern lieben, oder er wird dem einen anhangen und den andern verachten. Ihr könnt nicht Gott dienen und dem Mammon« (Matthäus 6,24, ebenso Lukas 16,13).

Im allgemeinen Sprachgebrauch ist der Bezug auf den Mammon (abschätzig für »Reichtum, Geld«) kaum noch präsent. In letzter Zeit wird die Redensart jedoch häufiger und durchaus im Geiste der Bibelstelle im Zusammenhang mit Geld gebraucht, etwa wenn von Nebentätigkeiten von Abgeordneten die Rede ist. Die Nürnberger Nachrichten bringen schon am 26.6.2004 das Problem auf den Punkt, auch wenn hier eine andere Redensart verwendet wird: »Es gibt im Deutschen viele Sprichwörter, eines davon ist: ›Wes Brot ich ess, des Lied ich sing!‹ Dies bringt die Abhängigkeit der Politiker von ihren Geldgebern zum Ausdruck und zeigt, wie sich dies auf Subventionen und Gesetzgebung auswirkt.« Man kann eben nicht zwei Herren dienen.

Perlen vor die Säue werfen

Ein rechtes Redensartenpotpourri lässt das St. Gallener Tageblatt am 4.4.2009 erklingen, als es um Finanzspekulanten geht »… man muss sie aber in die Schranken weisen, damit sie sich nicht noch mehr verzetteln und sich weiterhin so verhalten, als hätten sie von Tuten und Blasen keine Ahnung. Asche aufs Haupt streuen müssten die sich, statt Perlen vor die Säue zu werfen und immer die Fahne nach dem Wind zu drehen. Denen sollte man die Hölle heiß machen, ja deutsch reden müsste man mal mit diesen Spekulanten und sie müssten Stein und Bein schwören, dass sie alles daran setzen, damit sich doch noch alles zum Guten wendet. Tja, Glück und Glas, wie leicht bricht das, und es ist nicht alles Gold was glänzt – die Finanzkrise zeigt's.«

Perlen nicht vor die Säue zu werfen ist ja eigentlich eine naheliegende Aufforderung, auch wenn man den biblischen Ursprung nicht kennt. Luther übersetzte Matthäus 7,6 ganz wörtlich: »Ihr sollt das Heiligtum nicht den Hunden geben, und eure Perlen nicht vor die Säue werfen, auf daß sie dieselben nicht zertreten mit ihren Füßen und sich wenden und euch zerreißen.«

Im heutigen Sprachgebrauch wird dabei eigentlich nur noch der erste Teil des Zitats angesprochen: Perlen vor die Säue zu werfen ist Verschwendung, wobei sich Verschwendung meistens auf intellektuelle, sprachliche, musikalische oder andere Fähigkeiten bezieht. Aber auch einem Fast-Food-Liebhaber ein Gourmetmenü vorzusetzen, ist ein gutes Beispiel.

Solch eine Verschwendung ist ärgerlich, schadet aber im Grunde niemandem. Das sieht die Bibel anders. Im zweiten Teil der Bibelstelle, der meistens unbeachtet bleibt, heißt es: Wer Perlen vor die Säue wirft, riskiert nicht nur, dass die anderen Menschen die »Perlen« gar nicht als etwas Wertvolles wahrnehmen, sondern sich sogar auf den Wohltäter stürzen. Wer einmal von einer Muttersau mit Ferkeln im Wald angegriffen wurde, auch ohne ihr Perlen vorgeworfen zu haben, weiß, was gemeint ist.

Pfaffe

Auf meinem Weg zum Garten steht ein Busch, das Pfaffenhütchen. Warum er so heißt, wurde mir, evangelisch aufgewachsen, erst klar, als ich einige Jahre in Süddeutschland verbrachte: Die Früchte des Bäumchens, die im Herbst kräftig orangerot leuchten, sehen aus wie die Kopfbedeckung eines katholischen Priesters.

Ein altehrwürdiges Wort. Schon das *pf* am Anfang zeigt, dass das Wort vor dem Jahr 500 n. Chr. vom lateinischen *papa*, »Papst«, ins Deutsche entlehnt wurde. Es bezeichnete bis zu Luthers Zeit sehr allgemein den weltgeistlichen Priester im Gegensatz zum Mönch. Der Pfaffe Konrad übertrug im 12. Jahrhundert das »Rolandslied« aus dem Französischen ins Deutsche, der Pfaffe Lamprecht das »Alexanderlied« – beides waren bedeutende Männer, denen man mit ihrem Beinamen mit Sicherheit nichts Schlechtes anhängen wollte; er besagte nur, dass sie dem geistlichen Stand angehörten. Denn erst durch Luther, der die Amtskirche und ihre Würdenträger vehement kritisierte, wurde das Wort *Pfaffe* zu einer abwertenden Bezeichnung für katholische Priester. Ab jetzt verband man mit dem Begriff negative Eigenschaften wie Eigennutz, Habgier, Völlerei usw., die man den Geistlichen generell nachsagte. *Pfaffentum* nannte man das ganze *Gezücht*, und *Pfaffenknechte* waren die, die sich ihm zur Verfügung stellten. Das früher wertfreie Wort *Pfaffe* wurde ersetzt durch die (durchaus schon alten) Wörter *Pfarrer* (evangelisch) und *Priester* (katholisch). Dazu kam die aus dem Lateinischen übernommene Bezeichnung *Pastor*, »Seelenhirt«, die in Norddeutschland das ältere Wort *Pfarrer* verdrängte und ebenfalls auf protestantische Geistliche beschränkt war. In neuerer Zeit hat das Wort *Pfaffe* einen weiteren Bedeutungswandel erfahren: Inzwischen werden manchmal alle Kirchenleute, egal ob evangelisch, katholisch oder orthodox, als »Pfaffen« beschimpft. Unrecht tut man hingegen Menschen, die den Familiennamen »Pfaff« tragen, wenn man sie deswegen aufzieht. Er stammt aus der Zeit, als der *Pfaffe* noch nicht so verrufen war. Ihn trugen zum Beispiel (uneheliche) Kinder eines Priesters oder Personen, die bei Priestern beschäftigt waren oder engen Kontakt mit ihnen pflegten.

mit seinen Pfunden wuchern

»Angela Merkel als geborene ›Ossi‹-Frau soll noch mehr in den Mittelpunkt gerückt werden, als das bei einer Kanzlerkandidatin ohnehin schon der Fall ist. ›Wir müssen mit diesem Pfund wuchern‹, umschrieb der thüringische CDU-Generalsekretär Mike Mohring – zutreffend vielleicht, aber in der Wortwahl doch nicht sehr charmant – die Rolle seiner Parteichefin« (Nürnberger Nachrichten, 21. 7. 2005).

Wuchern – ein biblisches Wort? In der Tat! In einem Gleichnis Jesu übersetzte Luther das Wort *talentum* mit *Zentner* (Matthäus 25, 15 ff.), in einem anderen mit *Pfund* (Lukas 19,12 ff.). Das Wort *talentum* bezeichnete im Orient eine Geldeinheit (im antiken Griechenland kostete ein Segelschiff ein Talent), der Wert wurde aber nach Gewicht berechnet, und zwar in den einzelnen Regionen sehr unterschiedlich, sodass das Wort sowohl ein Gewicht als auch eine Geldeinheit bezeichnete. Im angesprochenen Gleichnis gibt ein Mann vor einer längeren Reise dreien seiner Diener Geld: dem einen zehn, dem anderen fünf Talente, dem dritten ein Talent. Als er wiederkommt, hat der erste mit seinen zehn Talenten zehn weitere erworben und der zweite fünf. Der dritte aber hat das Geld versteckt und gibt es zurück. Jesus lobt die ersten beiden, den dritten aber verurteilt er, dass er mit dem anvertrauten Talent nichts erarbeitet hat. Bei Luther ist in dem Gleichnis von *Pfund*, nicht von *Talent(um)* die Rede, damit die einfachen Menschen es verstehen konnten. Die Revision 2017 behält sowohl *Zentner* als auch *Pfund* bei.

Das Wort *wuchern* hatte schon zu Luthers Zeit zwei Bedeutungen. Zum einen meinte es »Frucht bringen« – wir kennen bis heute wuchernde Pflanzen. Zum anderen bezog es sich aufs Geld: Wuchert man mit seinen Pfunden, vermehrt man nach der ursprünglichen Bedeutung durch kluge Investitionen sein Geld. Übertragen sagt *Mit seinen Pfunden wuchern* also, dass man das, was man hat, zu seinem Vorteil nutzen soll. Hier gibt es die interessante Parallele zum heutigen Ausdruck *Talent*, mit dem man eben *wuchern* und es nicht *unter den Scheffel stellen* soll.

Das biblische Gleichnis ist aber nicht als Aufforderung zum Wuchern im Sinne von Kapital durch Verzinsung vermehren zu verstehen. An vielen Stellen der Bibel wird genau das angeprangert, z. B. in 5. Mose 23,20: »Du sollst von deinem Bruder nicht Zinsen nehmen, weder für Geld noch für Speise noch für alles, womit man wuchern kann« (Revision 2017).

protestantisch

Als ich 1968 mein Studium begann, war ich mit der kritischen Haltung der Studentenschaft an überkommenen Vorstellungen innerhalb und außerhalb der Universität durchaus einverstanden. Auf Formularen gab ich deshalb damals als Konfession *protestantisch* an, strich gegebenenfalls das vorgedruckte *evangelisch* durch. Dabei ging es mir weniger um eine christliche Willenserklärung als vielmehr um die Bekundung, dass ich zur Gruppe der Protestierenden gehörte. Auf einer Versammlung der evangelischen Studentengemeinde fiel ich einmal dem Sprecher, der die Gemeinde vorstellte, mit dem Satz »Wir sind Protestanten« ins Wort. Es gab daraufhin eine wilde Diskussion, völlig am eigentlichen Thema des Teach-ins vorbei. Aber für mich war es eine gewinnbringende Lehrstunde gewesen, denn danach hatte ich verstanden, was mir einst schon mein Großvater hatte erklären wollen (siehe *evangelisch*), und gab als Konfession wieder *evangelisch* an, ohne den Gefallen am Protest aufzugeben.

Als *evangelisch* bezeichnete Luther seit 1521 die Glaubensgemeinschaft, die allein das in der Bibel überlieferte Wort Gottes als Grundlage des Glaubens ansah und die seitdem ständig Anhänger gewann. Sie war auf dem Reichstag in Worms zwar geächtet worden. Zu einer Durchsetzung dieses Wormser Edikts freilich kam es aus politischen Gründen zunächst nicht. Auf dem Reichstag in Speyer 1529 sollte es erneuert werden. Dagegen verwahrten sich fünf Fürsten und 14 freie Reichsstädte, die sich zu Luthers Reformation bekannten, in einer schriftlichen »Protestation«, da es in Glaubensdingen keine Mehrheitsbeschlüsse geben könne. Durch diesen Protest wurde der Name *Protestanten* für die Anhänger Luthers geprägt. Luther selbst hat ihn nie benutzt; die dazugehörigen Ausdrücke *protestantisch* und *Protestantismus* entstanden erst im Laufe des 17. Jahrhunderts.

Im heutigen Sprachgebrauch werden unter *Protestanten* alle christlich basierten Glaubensgemeinschaften verstanden, die im Gegensatz zur katholischen Kirche stehen, also etwa auch die anglikanische Kirche.

                                                                  » Siehe auch *evangelisch*

Richtschnur

Beim Säen und Bepflanzen im Garten empfiehlt es sich, mit einer Richtschnur zu arbeiten, wenn die Reihen gerade und ordentlich sein sollen. Man spannt dazu zwischen zwei Pflöcken eine Schnur und zieht darunter eine gerade Furche, in die man dann sät. Es ist noch gar nicht so lange her, dass mir wieder einmal nahegelegt wurde, das Beet des Nachbarn als Richtschnur zu nehmen, als meine Radieschen, schnurlos gesät, doch wieder in eher krummer Formation erschienen.

Im Buch Hiob spricht Gott zu Hiob über seine Schöpfung und Allmacht (38,4–5). Luther übersetzte: »Wo warst du, da ich die Erde gründete? Sage an, bist du so klug! Weißt du, wer ihr das Maß gesetzt hat oder wer über sie eine Richtschnur gezogen hat?« In seiner Schrift »Vom unfreien Willen« schrieb Luther in Anspielung auf diese und andere Bibelstellen »Er ist Gott, und für seinen Willen gibt es keine Ursache noch Grund, die ihm als Richtschnur und Maß vorgeschrieben werden könnten, da es nichts gibt, das ihm gleich oder über ihm ist. Sondern sein Wille ist Richtschnur für alle Dinge. Denn wenn es für ihn irgendeine Richtschnur und Maß gäbe oder eine Ursache oder einen Grund, so könnte er bereits nicht mehr Gottes Wille sein.« An anderen Stellen verwendete Luther (wie auch die Revision 2017 bei der Hiobstelle) das Wort *Messschnur*, z. B. in Jesaja 34,11: »Denn er wird eine Meßschnur darüber ziehen, daß es wüst werde, und ein Richtblei, daß es öde sei«. Im theologischen Sinne ist die Richt- bzw. Messschnur das Maß, nach dem Gott ordnet und richtet, wie das in dem Lutherzitat beschrieben ist.

Im heutigen Sprachgebrauch wird *Richtschnur* meistens bezüglich geltender Konzepte verwendet, etwa wenn der Mietspiegel als *Richtschnur* für die Festlegung von Mieten betrachtet wird.

Rotzlöffel

Noch am 10. August 2011 erinnerte man sich im Sportteil der Nürnberger Neuen Nachrichten an einen damals 20 Jahre zurückliegenden sagenhaften Korbwurf, mit dem ein unbekannter Spieler in letzter Minute ein Spiel entschied. Man konnte es kaum glauben: »Seine Gegner nicht, die ihn bewundernd und zugleich voller Abscheu anblickten, er selbst nicht, er grinste schließlich Väter, Mütter, Brüder, Schwestern und Freunde in der Fürther Schulturnhalle an, statt auf den Korb zu schauen. Und niemand konnte in diesem Moment ahnen, dass sich dieser Rotzlöffel zu Europas bestem Basketballer aller Zeiten, vor allem aber zu einem respektierten Sportler von untadeligem Charakter entwickeln würde.« Die Rede war von Dirk Nowitzki.

Luther gebrauchte den Ausdruck als Schimpfwort in seinem »Sendbrief vom Dolmetschen«. Nachdem er erst ausführlich dargelegt hatte, dass er sehr wohl wie seine Widersacher die notwendigen wissenschaftlichen Voraussetzungen und Bibelkenntnisse hätte, zog er weiter über seine Gegner her:»Denn es sind solche unverschämte Tröpfe unter ihnen, die auch ihre eigene, der Sophisten, Kunst nie gelernt haben, wie Doktor Schmied und Doktor Rotzlöffel und seinesgleichen: und stellen sich mir gleichwohl in dieser Sache entgegen, die nicht allein über die Sophisterei (hinausgeht), sondern auch (wie Paulus 1. Korinther 1,20 sagt) über aller Welt Weisheit und Vernunft ist. Allerdings braucht ein Esel nicht viel zu singen, man erkennt ihn ohnehin schon an den Ohren.« Das Schimpfwort *Rotzlöffel* gilt Luthers erbittertem Gegner Johannes Cochläus. Es ist eine typische Lutherstelle; er machte nie viel Federlesens mit seinen Gegnern und beschimpfte sie drastisch.

Ganz wörtlich meint der Ausdruck, dass es sich um einen jungen Menschen handelt, der noch nicht erzogen ist und sogar noch seinen Rotz ableckt, mithin zu unerfahren und nicht befugt ist, in wichtigen Angelegenheiten mitzureden. Mit Verwunderung habe ich bei meinen Recherchen festgestellt, dass sich der Ausdruck *Rotzlöffel* bei Parlamentariern als Zwischenruf, der natürlich gerügt wird, einer gewissen Beliebtheit erfreut – da scheinen mir die Zwischenrufer selbst noch welche zu sein …

Rüstzeug

Als ich vor einigen Jahren einen völlig verwilderten Garten in der Nähe pachtete, war mir nicht klar, dass ich nicht unbedingt über das notwendige Rüstzeug verfügte, dieser Wildnis Herr zu werden. In der gleichen Zeit eignete sich gerade meine Tochter das notwendige Rüstzeug für den Beruf einer Lehrerin an. Unter Rüstzeug versteht man heute das Wissen und Können, das Voraussetzung dafür ist, eine Aufgabe zu bewältigen, eine Tätigkeit oder einen Beruf ausüben zu können. Wir haben für unsere Aufgaben, denke ich, inzwischen beide das notwendige Rüstzeug erworben.

Der älteste Beleg für diesen Ausdruck ist Luthers Bibelübersetzung: »Der Herr sprach zu ihm: Gehe hin; denn dieser ist mir ein auserwähltes Rüstzeug, daß er meinen Namen trage vor den Heiden und vor den Königen und vor den Kindern von Israel« (Apostelgeschichte 9,15). Mit dem »ausgewählten Rüstzeug« ist Saulus (Paulus) gemeint, der nach der Erscheinung Christi zunächst erblindet war. In der griechischen und der lateinischen Vorlage steht *skeuos eklogäs / vas electionis*, was wörtlich übersetzt »Gefäß meiner Wahl« bedeutet. Das heißt, dass Gott mit dem »Gefäß« Paulus den christlichen Glauben in die Welt transportieren will. Luthers freie Übersetzung *Rüstzeug* bedeutet hier so viel wie *Werkzeug*, wie auch die Revision 2017 schreibt. Luthers Wortgebrauch ist noch am Ende des 17. Jahrhunderts in Adelungs Wörterbuch bezeugt: »Das Rüstzeug (1) Eine Maschine, d.i. ein jedes zusammen gesetztes Werkzeug, eine vortheilhafte Bewegung hervor zu bringen; in welchem Verstande eine jede Maschine diesen Nahmen führen kann, und ihn zuweilen noch führet. In engerer Bedeutung ist es diejenige Maschine an einer Armbrust, womit der stählerne Bogen gespannet wird, und welche auch die Rüstung heißt. (2) Ein Werkzeug, eine im Hochdeutschen ungewöhnliche Bedeutung, in welcher Apostg. 9,15 Paulus figürlich ein auserwähltes Rüstzeug Gottes heißt.« In Luthers Übersetzung wird also die Bedeutung von *Rüstzeug*, die Adelung unter (1) erläutert, als Metapher benutzt. Die heutige Bedeutung im Sinn von notwendigem Wissen oder Können entwickelte sich offenbar erst im 19. Jahrhundert; noch im Deutschen Wörterbuch der Brüder Grimm findet sich kein eindeutiger Beleg dafür.

Interessanterweise gibt es mit dem Verb *rüsten* oder dem daraus gebildeten Substantiv *Rüstung* im kriegerisch-militärischen Sinne keinen Zusammenhang.

» Siehe auch *Wider den Stachel löcken*

auf Sand gebaut

Und der Vorhang fällt, sie weint
Tränen schneiden in die Haut
Sie hat wieder mal zu früh vertraut
Denn sie hat auf Sand gebaut
Auf Sand gebaut.
(Refrain eines Liedes von Peter Maffay, 1985)

Die Redensart, die Maffay sogar als Songtitel verwendete, kommt vor in einem der vielen konkreten Gleichnisse, mit denen Jesus seine Lehre deutlich zu machen versuchte. Luther übersetzte Matthäus 7,26 so: »Wer diese meine Rede hört und tut sie nicht, der ist einem törichten Manne gleich, der sein Haus auf den Sand baute. Da nun ein Platzregen fiel und kam ein Gewässer und wehten die Winde und stießen an das Haus, da fiel es und tat einen großen Fall.« Luther bezog sich in seinen Schriften sehr oft auf diesen Vergleich, so etwa in seiner Schrift »Von den guten Werken«: »Und so bauen sie ihre Zuversicht nicht auf göttliches Wohlgefallen, sondern auf ihre getanen Werke. Das ist auf Sand und Wasser bauen, weshalb sie zuletzt einen grausamen Fall tun müssen.« 1641 schrieb Georg Neumark in der ersten Strophe seines noch immer sehr bekannten evangelischen Kirchenlieds:

Wer nur den lieben Gott lässt walten
Und hoffet auf Ihn allezeit
Den wird er wunderlich erhalten
In aller Not und Traurigkeit.
Wer Gott dem Allerhöchsten traut
Der hat auf keinen Sand gebaut.

Heute spricht man davon, dass man auf Sand gebaut hat, wenn eine Erwartung nicht eingetroffen oder eine Planung fehlgegangen ist, weil man sich auf etwas Unsicheres verlassen hat. Rein bautechnisch betrachtet kann übrigens durchaus auf Sand gebaut werden, wenn man es richtig macht, und zwar schon lange: Die bis zu 16 Meter tiefen Pfeilerfundamente des Kölner Doms stehen im Sand, den der Rhein hier angeschwemmt hat.

Die Wendung gibt es im Übrigen auch im Französischen, wo es heißt *avoir bâti sur le sable*, nicht aber im Englischen, wo eine andere Bauweisheit herangezogen wird, wenn es heißt *to make bricks without straw* (»Ziegel ohne Stroh machen«).

Schandfleck

Einen Schandfleck gibt es in jedem Ort: in der Großstadt, im Dorf oder im Park. Alle sind sich einig, dass er beseitigt werden muss – genau das aber scheint oft schwierig, ob es nun die Bauruine ist, die Autobahnüberführung oder das in den 1960er-Jahren hochgezogene Kaufhaus, dessen Fassade seit 30 Jahren bröckelt. Aber es sind nicht nur besonders scheußliche Dinge, die als Schandfleck bezeichnet werden. Auch dunkle Aspekte der Vergangenheit, etwa die Judenverfolgung im Dritten Reich oder die Unterdrückung der Schwarzen in der Geschichte der USA gelten als Schandflecke der eigenen Geschichte.

Ursprünglich wird als *Schandfleck* ein Makel von Personen bezeichnet. In Luthers Bibelübersetzung findet sich das Wort unter anderem in Sirach 20,26: »Die Lüge ist ein häßlicher Schandfleck an einem Menschen und ist gemein bei unerzogenen Leuten.« Und in 5. Mose 32,5 heißt es: »Das verkehrte und böse Geschlecht hat gesündigt wider ihn; sie sind Schandflecken und nicht seine Kinder« (Revision 2017). Das Wort *Schandfleck* ist zwar erst seit Luther belegt, ist aber wohl auch ein Ergebnisse seiner Methode, dem Volk aufs Maul zu schauen. Bis ans Ende des 18. Jahrhunderts ist es auch als Verb belegt; *jemanden schandflecken* heißt nichts anderes als üble Nachrede führen, d. h. jemandem einen Schandfleck andichten.

Schauplatz

Meine Eltern gingen gerne ins Theater; ab einem gewissen Alter waren meine Brüder und ich noch lange nicht im Bett, wenn sie die Wohnung verließen. Im Kinderzimmer stand ein großer Kleiderschrank mit einem Spiegel, davor ein Flickerlteppich. Einmal kamen wir auf die Idee, einen Weitsprungwettbewerb zu veranstalten, und irgendwie sah es gut aus, wenn man in Richtung Spiegel sprang. Wir hatten viel Spaß, bis der Spiegel zu Bruch ging. Als die Eltern zurückkamen, zum Schauplatz des Ereignisses eilten und einigermaßen zornig fragten, wie und wer und überhaupt, fasste mein älterer Bruder das Geschehene in die knappe Beschreibung »Wir haben Weitsprung gemacht, und ich hab gewonnen«. Daraufhin gab es kein großes Theater, sondern großes Gelächter.

Luther übersetzte in der Bibel das Wort *Theater* mit *Schauplatz*: »Und die ganze Stadt war voll Getümmels; sie stürmten aber einmütig zu dem Schauplatz und ergriffen Gajus und Aristarchus aus Mazedonien, des Paulus Gefährten. … Auch etliche der Obersten in Asien, die des Paulus gute Freunde waren, sandten zu ihm und ermahnten ihn, daß er sich nicht begäbe auf den Schauplatz« (Apostelgeschichte 19,29–31). Das griechische und lateinische Wort *Theater* und auch das, was damit bezeichnet wurde, war den potentiellen Lesern und Hörern unbekannt – so etwas gab es nicht in Luthers Deutschland. Er übersetzte es deshalb nach dem Sinn – nach dem, was im Theater vor sich geht. Heute weiß das mehr oder weniger jeder, deshalb steht in der Bibelrevision von 2017 auch nicht mehr *Schauplatz*, sondern *Theater*. Quasi verdeutlichend wie Luther schreibt die Volxbibel hier *Freilufttheater*.

Das Wort *Schauplatz* war damals verständlich und wurde weiter verwendet; Ende des 17. Jahrhunderts stand in Adelungs Wörterbuch (quasi der damalige Duden): »ein jeder Platz, auf welchem eine Handlung vorgestellet wird, welche von jedem oder doch von vielen gesehen werden soll; in engerer Bedeutung, derjenige Platz, auf welchem von den Schauspielern ein Schauspiel vorgestellet wird, welcher Platz auch die Schaubühne, das Theater heißt. In noch weiterer Bedeutung, ein jeder Ort, auf welchem eine Handlung vorgenommen wird.« Weil aber das Theater in Deutschland mit der Zeit Furore gemacht hat, wird das Wort *Schauplatz* gerade für *Theater* nicht mehr verwendet. Allerdings kann man auch am Schauplatz eines Ereignisses durchaus viel Theater um eigentlich nicht so wesentliche Dinge machen.

sein Scherflein beitragen

Als ich vor langer Zeit einen neuen Nachbarn bat, mir beim Ausräumen des aus allen Nähten platzenden Speichers zu helfen, war er dazu nach kurzem Überlegen – wegen des schönen Wetters – auch bereit, und nach vier Stunden waren wir fertig. Zum Schluss meinte ich zu ihm, dass er nun auch sein Scherflein zum Wohle meiner Familie beigetragen habe. Da antwortete er grinsend: »Ich weiß ja nicht, was ein Scherflein ist – aber auf jeden Fall war das schon ein größerer Scherf.«

Mit dieser Benutzung des Wortes Scherf(lein) hatte er den Nagel durchaus auf den Kopf getroffen. Der Scherf war in den Städten des Mittelalters (vor allem in Norddeutschland) die kleinste verwendete Silbermünze mit dem Wert von einem halben Pfennig. Der Name geht wahrscheinlich auf das althochdeutsche Wort scrabon. »einschneiden« zurück, denn die dünnen Münzen wurden oft in kleinere Teile zerschnitten, da auch Münzen zu sechs oder zwölf Scherf geprägt wurden. Bisweilen wurden die Münzen auch am Rand eingeschnitten, um den Wert zu bezeichnen.

In den Evangelien wird in Markus 12,41–44 und Lukas 21,1–4 darüber berichtet, wie Jesus das Verhalten der Menschen an einem Opferstock (bei Luther »Gotteskasten«) beobachtete. »Er sah aber auch eine arme Witwe, die legte zwei Scherflein ein.« Jesus wertete das Opfer der armen Witwe höher als das viele Geld, das die Reichen aus ihrem Überfluss gespendet hatten. In seiner Übersetzung behielt Luther weder den Wortlaut des griechischen Urtexts (dyo lepta – zwei Lepta) noch den der lateinischen Vulgata (aera minuta duo – zwei Kupfermünzen) bei, sondern wählte eine deutschen Lesern und Hörern bekannte heimische Münzbezeichnung. Die Verkleinerungsform Scherflein unterstrich den geringen Wert der Gabe.

Die feste Redewendung sein Scherflein beitragen auch in Zusammenhängen, in denen es nicht um Geld geht, entstand wohl erst im späten 18. Jahrhundert, als die entsprechende Münze oder gar ihr Bruch-Teil überhaupt nicht mehr existierte.

der Stein des Anstoßes

Licht: Ei, was zum Henker, sagt, Gevatter Adam!
        Was ist mit Euch geschehn? Wie seht Ihr aus?
Adam: Ja, seht. Zum Straucheln brauchts doch nichts als Füße.
        Auf diesem glatten Boden, ist ein Strauch hier?
        Gestrauchelt bin ich hier; denn jeder trägt
        Den leid'gen Stein zum Anstoß in sich selbst.
Licht: Nein, sagt mir, Freund! Den Stein trüg jeglicher?
Adam: Ja, in sich selbst!

Mit diesem Wortwechsel beginnt Heinrich von Kleists Lustspiel »Der zerbrochene Krug«. In unnachahmlicher Form nimmt der Dichter hier im Spiel mit der Redewendung vom Stein des Anstoßes das ganze Drama vorweg.

Dieselbe Redewendung benutzte auch Luther in seiner Bibelübersetzung: »Er wird ein Fallstrick sein und ein Stein des Anstoßes und ein Fels des Ärgernisses für die beiden Häuser Israel« (Jesaja 8,14). Diese Stelle wird im Neuen Testament noch zweimal zitiert (Römer 9,32 und 1. Petrus 2,8), hier aber heißt es *Stein des Anlaufens*. Die Revision 2017 hat das verbessert – es ist aber ein gutes Beispiel dafür, wie lange der originale Luthertext nicht verändert wurde. Es ist deutlich, dass die Redewendung für Luther (wie für den Dorfrichter Adam bei Kleist) noch sehr viel mehr von ihrer wörtlichen Bedeutung hatte, obwohl sie in den Bibelstellen durchaus schon in übertragener Bedeutung benutzt wird, denn die Jesajastelle wird im Neuen Testament auf Jesus bezogen, der vielen seiner Zeitgenossen ein Ärgernis sein würde. Die Redensart ist noch heute erstaunlich häufig – über 12 000 Belege gibt es im Referenzkorpus der deutschen Gegenwartssprache. Ärgernisse und den Wunsch, ihre Ursache, den Stein des Anstoßes, zu benennen, gibt es eben nach wie vor.

Sündenbock

Wo immer irgendetwas schiefläuft – es ist praktisch, wenn es jemanden gibt, den man zum Sündenbock machen kann. Den Fußballspieler, der einen Fehlpass gespielt hat; den Politiker, der vor der Wahl eine unbedachte Äußerung getan hat; den Schüler, der sich verplapperte – sie sind die Dummen, denen die gesamte Schuld für Fehler und Misserfolge zugeschoben wird. Inwieweit ihr Handeln wirklich ursächlich war, spielt dabei keine Rolle.

E s gibt viele Fälle, in denen ein Wort auf eine biblische Geschichte zurückgeführt wird, auch wenn es darin nicht vorkommt. *Sündenbock* ist eines der vielen Wörter, die immer wieder Luther zugeschrieben werden, obwohl er es nachweislich nicht benutzt hat. Das Wort *Sündenbock* bezieht sich auf das Sühneopfer, das Gott von Aaron zur Reinigung seines Altars verlangt (3. Mose 16,21 ff.). Er soll einen lebendigen Bock herbringen, seine Hände auf dessen Kopf legen und alle Missetaten der Israeliten bekennen. Dann wird der Bock, dem die Sünden auferlegt wurden, in die Wüste gejagt – beladen mit allen diesen Sünden.

Im Deutschen Wörterbuch der Brüder Grimm findet sich ein Beleg von 1657, in dem der hebräische Ausdruck *Asasel* für einen in der Wüste hausenden Dämon mit *Sündenbock* übersetzt wird. Allgemeinsprachlich ist der Ausdruck aber erst Ende des 19. Jahrhunderts geworden, er fehlt z. B. noch in Adelungs Wörterbuch (1774–86).

Ein ähnliches Beispiel für auf biblische Geschichten zurückgehende Ausdrücke, die Luther so nicht benutzt hat, ist der *Wolf im Schafspelz*. In Matthäus 7,15 predigt Jesus: »Seht euch vor vor den falschen Propheten, die in Schafskleidern zu euch kommen, inwendig aber sind sie reißende Wölfe.« Es handelt sich um ein in vielen Kulturen vorkommendes Bild. Ein römisches Sprichwort etwa lautet: *Pelle sub agnina latitat mens saepe lupina*, »unter der Haut eines Schafes versteckt sich oft ein wölfischer Sinn«.

dem Volk aufs Maul schauen

»Man muss dem Volk aufs Maul schauen, aber ihm nicht nach dem Munde reden«, soll Franz Josef Strauß einst gesagt haben, und Politiker wiederholen das gern, je nach Parteizugehörigkeit mit oder ohne Nennung des mutmaßlichen Urhebers. Was damit genau gemeint ist, bleibt denn auch vielfach unklar.

Der erste Teil dieser Äußerung, die Redensart *dem Volk aufs Maul schauen*, stammt von Martin Luther. Sie bezieht sich auf sein Konzept bei der Übersetzung der Bibel ins Deutsche. Im »Sendbrief vom Dolmetschen« schrieb er: »Man muss die Mutter im Hause, die Kinder auf den Gassen, den gemeinen Mann auf dem Markt fragen und denselbigen aufs Maul sehen, wie sie reden und danach dolmetschen, so verstehen sie es dann und merken, dass man deutsch mit ihnen redet.« Luther bezog sich hier ganz eindeutig auf die Sprachform, ihre Wörter, ihre Wendungen, ihre Syntax: Ihm ging es darum, für den zu schaffenden deutschen Text der Bibel eine Sprache zu verwenden, die die Menschen auch verstehen konnten. Der Prediger Martin Luther wollte in jedem Satz den treffenden Ausdruck finden, der den Menschen vermittelte, was gemeint war. Und den konnte er nur in der Sprache, die sie im täglichen Umgang miteinander gebrauchten, finden. Irritierend wirkt das Wort *Maul* – schon in Luthers Zeit bezeichnete es in erster Linie das Tiermaul. Es wurde aber in der Rechtssprache auch für den redenden menschlichen Mund gebraucht. So finden sich im Deutschen Rechtswörterbuch Belege, in denen es heißt, dass ein wegen Beleidigung Beschuldigter vor Gericht geführt werden soll, um einen Widerruf zu tun und sich auf das Maul zu schlagen. Luther war sich des Unterschiedes von *Maul* und *Mund* durchaus bewusst und übersetzte entsprechend Sprüche 13,3 differenziert: »Wer seinen Mund bewahrt, der bewahrt sein Leben, wer aber mit seinem Maul heraus fährt, der kommt in Schrecken.« Die Revision 2017 beseitigt diesen feinen Unterschied, wenn sie sagt: »Wer seine Zunge hütet, bewahrt sein Leben; wer aber mit seinem Maul herausfährt, über den kommt Verderben.«

Der zweite Teil des Strauß'schen Ausspruches geht nicht auf Luther zurück, ist jedoch schon in seiner Zeit belegt (auch als *nach dem Maul reden*). Ob der Bayerische Ministerpräsident das gewusst oder sich einfach über das Wortspiel gefreut hat?

» Siehe auch *Das Maul halten, Das Maul stopfen*

Was du nicht willst, das man dir tu, das füg auch keinem andern zu

Das habe ich schon in der Kindheit gelernt und immer für eine groß-artige Maxime gehalten, auch wenn ich damals noch nicht wusste, dass dieser Grundgedanke der Ethik als »Goldene Regel« des Verhaltens be-zeichnet wird: so gegenüber anderen zu handeln, wie man es selbst von ihnen erwarten würde. »Handle so, dass die Maxime deines Willens jederzeit zugleich als Prinzip einer allgemeinen Gesetzgebung gelten könne« – so lautet der kategorische Imperativ formuliert von Imma-nuel Kant, der die sprichwörtliche Redeweise etwas komplizierter aus-drückte.

Die »Goldene Regel« wird in der Redewendung, um die es hier geht, als Negation ausgedrückt. Luther übersetzte Tobias 4,16 so: »Was du nicht willst das man dir tue, das tu einem andern auch nicht«; die Revi-sion 2017 wählt die volkstümliche Formulierung, die in der Überschrift gegeben ist. Der gleiche Gedanke findet sich aber auch positiv ausge-drückt in der Bibel, z. B. Lukas 6,31: »Wie ihr wollt, dass euch die Leute tun sollen, also tut ihnen gleich auch ihr.«

Analoge Gedanken gab es schon vor der Zeitenwende und vor der Niederschrift des biblischen Buches Tobias (um 200 v. Chr.) in den ver-schiedensten Religionen und Denkströmungen; hier nur einige Beispie-le. Bei Konfuzius heißt es im vierten vorchristlichen Jahrhundert: »Was man mir nicht antun soll, will ich auch nicht anderen Menschen zufü-gen.« Buddha lehrte: »Was für mich eine unliebe und unangenehme Sache ist, das ist auch für den anderen eine unliebe und unangenehme Sache. Was da für mich eine unliebe und unangenehme Sache ist, wie könnte ich das einem anderen aufladen?« Der griechische Philosoph Isokrates sagte: »Tut anderen Menschen nicht an, worüber ihr empört wäret, wenn ihr es selbst erfahren müsstet.«

Wer andern eine Grube gräbt, fällt selbst hinein

Unter den Exponaten einer Ausstellung zur Geschichte der deutschen Bahn befindet sich, so die Nürnberger Nachrichten am 5.8.2014, »auch ein Stück vom Originalzaun, der die Abbrucharbeiten am alten Stuttgarter Hauptbahnhof absicherte. ›Wenn Grube eine Grube gräbt, fällt er selbst hinein‹, steht da auf einem Schild zu lesen und noch einige andere Beschimpfungen. Das sei eben auch ein Teil der DB-Geschichte, sagt Grube – und müsse so akzeptiert werden.«

Hier reden wir von einem der bekanntesten deutschen Sprichwörter. Luther übernahm es an zwei Bibelstellen so: »Aber wer eine Grube macht, der wird selbst hineinfallen; und wer den Zaun zerreißt, den wird eine Schlange stechen« (Prediger 10,8) und »Wer eine Grube macht, der wird hineinfallen; und wer einen Stein wälzt, auf den wird er zurückkommen« (Sprüche 26,27). Luther hat Sprichwörter gesammelt, aber in seiner Liste von gut 400 Sprichwörtern und Redensarten kommt dieses wie einige andere, die er in der Bibelübersetzung verwendete, nicht vor – wahrscheinlich, weil es schon zu seiner Zeit so bekannt war.

Interessanterweise gibt es das Sprichwort mit gleichem Wortmaterial in den nordischen Sprachen und im Niederländischen, nicht aber im Englischen, obwohl die King James Bibel analog übersetzt: »Whoso diggeth a pit shall fall therein: and he that rolleth a stone, it will return upon him.« Im Englischen heißt eine entsprechende Wendung kurz und knapp »Harm set, harm get«.

» Siehe auch *Fallstrick*

Wer sucht, der findet

Zu meiner Konfirmation schenkte mir mein Großvater, der aus diesem Anlass aus der DDR ausreisen durfte, eine Bibel in der Übersetzung von Hermann Menge. Sie liegt vor mir, während ich dies schreibe. Als Widmung steht in altdeutscher Handschrift auf der Umschlagseite »Wer sucht, findet! Zur Einsegnung von deinem Großvater. März 1961«. Auf der Titelseite las ich dann unter dem Titel: »Diese Ausgabe darf nur in der Deutschen Demokratischen Republik vertrieben werden.« Das hat mich damals erst einmal ziemlich verstört: Mein Großvater, der Pfarrer, schenkt mir eine Kommunistenbibel? Aber der Widmung folgend klärte sich der Irrtum dann rasch auf, als ich andere Seiten aufschlug und beim Suchen vieles fand – auch dieses Buch profitiert noch davon.

Die Redewendung stammt aus der Bergpredigt: »Bittet, so wird euch gegeben; suchet, so werdet ihr finden; klopfet an, so wird euch aufgetan. Denn wer da bittet, der empfängt; und wer da sucht, der findet; und wer da anklopft, dem wird aufgetan.« (Matthäus 7,7–8); dieselbe Stelle analog bei Lukas (11,9–10). Luthers Übersetzung ist völlig wörtlich.

In einer späten koptischen Handschrift, die wohl um 350 nach Christus entstanden ist, einige Parallelen zu den Evangelien aufweist und nach dem angeblichen Verfasser als »Thomasevangelium« bezeichnet wird, findet sich eine interessante Version der Redensart: »Jesus spricht: ›Wer sucht, soll nicht aufhören zu suchen, bis er findet. Und wenn er findet, wird er bestürzt sein. Und wenn er bestürzt ist, wird er erstaunt sein. Und er wird König sein über das All‹« (Logion 2).

Wie so viele Redensarten wird auch diese bisweilen verfremdet. Franz Kafka schrieb in seinen »Briefen an Milena« darüber, wie man von der Liebe getroffen werden kann: »Wer sucht, findet nicht, aber wer nicht sucht, wird gefunden.«

Wer Wind sät,
wird Sturm ernten

»Unsere Kinder sollen in den Betrieben und auf den Universitäten in Frieden arbeiten zum Wohle ihrer Mitwelt. Den Friedensfeinden aber erklären wir: Wer Wind sät, wird Sturm ernten. Wer einen neuen Krieg sät, der wird Vernichtung ernten!« (Neues Deutschland, 29.4.1949)

Auch Kommunisten benutzen offensichtlich Redensarten, die auf die Bibel zurückgehen (siehe auch *Bluthund*) – vielleicht aus Unkenntnis? Die Bibel enthält sehr viele Passagen, in denen vom Säen und der Ernte die Rede ist. Die genannte Redensart geht auf Hosea 8,7 zurück. Der Prophet verkündet hier den Untergang Samarias, des Nordreichs Israels, weil dessen Gottesdienst nicht mehr mit den zehn Geboten übereinstimmt; sogar von einem goldenen Kalb ist die Rede. Luther übersetzte so: »Denn sie säen Wind und werden Ungewitter einernten.« In der Bibelausgabe von 2017 heißt es inzwischen »Denn sie säen Wind und werden Sturm ernten«, denn so wird die Wendung spätestens seit dem 19. Jahrhundert verwendet.

Der heutige Gebrauch schwankt zwischen einer Racheandrohung wie im Eingangszitat und der Warnung vor unbedachten Handlungen. Sehr häufig wird nur der erste Teil verwendet; bekannt ist etwa der Roman »Sowing the wind« (deutsch »Die den Wind säen«) von Martha Dodd (1944), in dem die Rolle der Massen unter dem Naziregime beschrieben wird; den gleichen Titel trägt ein Roman aus dem Jahr 2009 von Karina Albrecht über das Leben in der DDR in den 1950er- und 60er-Jahren. Im Zuge der Energiedebatte wird neuerdings gerne mit dem Ausdruck gespielt, etwa wenn davon gesprochen wird, dass man Wind säen solle, um Energie zu ernten.

wetterwendisch

Diesen Artikel schrieb ich im August 2016. Das Wetter war unberechenbar wie im April. Bei Facebook wurde gepostet: »April, April, der macht was er will. – Wieso, wir haben doch August? – Siehste, sogar den Namen ändert er!« Die Bauernregeln für den April sind so wetterwendisch wie dieser Monat – sie sagen alles und nichts voraus. Übertragen auf uns Menschen bezeichnet das Wort *wetterwendisch* jemanden, der mal so, mal so redet oder sich entscheidet:»So wetterwendisch wie du ist niemand, den ich kenne«, meinte meine Tante vor vielen, vielen Jahren, als ich erst Eis, dann Salat, dann eine Wurst und schließlich doch lieber eine Tüte Bonbons wollte.

Luther gebrauchte das Wort *wetterwendisch* im Gleichnis vom Sämann. »Das aber auf das Steinige gesät ist das ist, wenn jemand das Wort hört und es alsbald aufnimmt mit Freuden; aber er hat nicht Wurzel in sich, sondern ist wetterwendisch; wenn sich Trübsal und Verfolgung erhebt um des Wortes willen, so ärgert er sich alsbald« (Matthäus 13,20 f., analog Markus 4,17). Luther übersetzte den griechischen Ausdruck *proskairos* und seine lateinische Entsprechung *temporalis*, die so viel bedeuten wie »dem Augenblick verhaftet, von kurzer Dauer«, mit *wetterwendisch*. Damit wich er deutlich von der Vorlage ab. Um klar zu machen, was an dieser Stelle gemeint ist, stellte er einen Vergleich mit der Unbeständigkeit des Wetters her, eventuell inspiriert dadurch, dass im lateinischen Wort *temporalis* auch das Wort *tempus* steckt, das unter anderem mit *Wetter* übersetzt werden kann. Die Bibelversion von 2017 sagt ebenfalls *wetterwendisch*; dagegen übersetzte Hermann Menge »er ist kein Kind des Augenblicks«, Jörg Zink »er bleibt ein Kind des Augenblicks«. Das dürfte damit zusammenhängen, dass das Wort *wetterwendisch* heute nicht mehr überall verstanden wird.

wider den Stachel löcken

»Sehr geehrte Frau Präsidentin! Ich hätte dem Kollegen Pfeifer natürlich gern meine Hochachtung dafür ausgesprochen, dass er es als bisher einziger Koalitionsabgeordneter gewagt hat, wider den Stachel zu löcken. Ich bin nun enttäuscht, dass er es erst ankündigt und dann unter Umständen zurückzieht, die nicht für jeden verständlich sind.« (Protokoll der Sitzung des Parlaments Sächsischer Landtag am 23. 1. 2008). Das ist eine von den Redensarten, bei denen ich bis vor Kurzem selbst nicht wusste, woher sie kommen. Dabei ist sie im geschriebenen Deutsch gar nicht so selten. Wegen des Wortes *Stachel* ahnt man auch irgendwie, wie sie zustande kommt – aber löcken? Die Vermutung, dass *löcken* irgendetwas mit *locken* zu tun hat, führt nicht weiter, und *lecken* ergibt irgendwie auch keinen Sinn.

Und doch ist das genau die Spur, die uns zu Luther führt. In der Bibel von 1545 übersetzte Luther die Stelle von der Erscheinung, die zur Bekehrung des Saulus und zu seiner Verwandlung zum Paulus führte (Apostelgeschichte 26,14): »Da wir aber alle zur Erde niederfielen, hörte ich eine Stimme reden zu mir, die sprach auf hebräisch: Saul, Saul, was verfolgst du mich? Es wird dir schwer sein, wider den Stachel zu lecken.«

Das Wort *lecken* war in Luthers Zeit ein Homonym, d. h. ein Wort mit zwei ganz verschiedenen Bedeutungen. Die eine, schon in althochdeutscher Zeit belegt, kennen wir noch heute: »mit der Zunge über etwas streichen«. Die andere, die es heute nicht mehr gibt, war »hüpfen, springen«. Wenn der Ochse wider den Stachel leckte, dann schlug er nach hinten aus, wenn der Treiber ihn mit einem mit einer eisernen Spitze versehenen Stock antrieb. Wer wider den Stachel leckte, wehrte sich also gegen einen Befehl, eine Richtung, die ihm gewiesen wurde. Die Schreibweise mit »ö« kam erst im 17. Jahrhundert auf: Da das Wort *lecken* in dieser Bedeutung unbekannt war und auch in der Redewendung merkwürdig erschien, wurde eine neue Schreibung geschaffen, um den Unterschied deutlich zu machen. Mit ein wenig Sprachgefühl merkt man aber, dass das unbekannte Wort *löcken* zusammen mit *Stachel* den Sinn der Redensart ausmacht und so dazu führt, dass sie erhalten geblieben ist. Auch die Revision 2017 behält den Ausdruck bei; in einer Fußnote findet sich die oben gegebene Worterklärung.

Wo Gott eine Kirche baut, da baut der Teufel eine Kapelle daneben

Als Anfang der 1960er Jahre amerikanische Evangelisten in Deutschland die Hallen füllten und sogar mit Spruchbändern an Flugzeugen (»Glaube an Christus – heute Abend Rhein-Main-Halle«) dafür Werbung gemacht wurde, war mein Großvater, einst Pfarrer in Golzow (Brandenburg), sehr erbost. »Christus ist kein Waschmittel und braucht keine Reklame, schon gar nicht, wenn sie von falschen Predigern kommt. Denn wo Gott eine Kirche baut, da baut der Teufel eine Kapelle daneben.« Ich war über diese Weisheit sehr erstaunt und erinnere mich, mit ihm den ganzen Nachmittag darüber gesprochen zu haben, denn ich war selbst einmal auf einer solchen Veranstaltung gewesen.

Die Warnung vor falschen Predigern ist genau der Zusammenhang, in dem auch Luther in seiner Auslegung des Matthäusevangeliums diese Redewendung benutzte. Gegen sie predigte er in seinen Wochenpredigten über Matthäus 5–7: »Christus weiß: Wo die reine Predigt des Gotteswortes ist, da ruht der Teufel nicht, wie das Sprichwort sagt: Wo Gott eine Kirche baut, da baut der Teufel eine Kapelle daneben. Solang drum der Teufel in der Welt regiert, geht es so: Wenn er merkt, dass das Licht scheinen und seine Bosheit aufdecken will, … dann schmückt er sich mit diesem Licht und stellt seine Lehre als Evangelium hin.« Bemerkenswert ist, dass der Ausdruck offenbar keine Prägung Luthers ist, sondern dass er ihn selbst als Sprichwort bezeichnet.

Recherchiert man die Redewendung heute im Internet, stellt man nicht ohne Schmunzeln fest, dass beim Zitieren des Öfteren die Größenverhältnisse verwechselt werden, denn da heißt es dann fälschlich, dass Gott eine Kapelle, der Teufel aber eine Kirche baut …

Zeichen der Zeit

»Selbst ein conservativer deutscher Professor, ein in Bezug auf die Frauenfrage altgläubiger Herr, der Professor Sybel, giebt zu, daß, wer überhaupt das *suffrage universel* [allgemeines Wahlrecht] auf sein Programm schreibt, keinen vernünftigen Grund habe, die Frauen auszuschließen. Und trotz aller dieser Zeichen der Zeit erscheint dem deutschen Literaten die Erörterung des Frauenstimmrechts von so frappanter Lächerlichkeit, daß er sich dabei melodramatischer Schauergefühle und eines ästhetisch-moralischen Gruselns nicht erwehren kann« (Hedwig Dohm, »Die wissenschaftliche Emancipation der Frau«, 1874).

Die *Zeichen der Zeit*, also die augenblickliche Situation, zu erkennen und danach zu handeln oder eben auch nicht, darum geht es in der Redensart. Luther übersetzte im Matthäusevangelium die Verse 16,1–3 folgendermaßen: »Da traten die Pharisäer und Sadduzäer zu ihm; die versuchten ihn und forderten, daß er sie ein Zeichen vom Himmel sehen ließe. Aber er antwortete und sprach: Des Abends sprecht ihr: Es wird ein schöner Tag werden, denn der Himmel ist rot; und des Morgens sprecht ihr: Es wird heute Ungewitter sein, denn der Himmel ist rot und trübe. Ihr Heuchler! über des Himmels Gestalt könnt ihr urteilen; könnt ihr denn nicht auch über die Zeichen dieser Zeit urteilen?« Und in einer Predigt zum zweiten Sonntag im Advent sagt Luther über die Gottlosen »Denn wenn sie gleich die Zeichen der Zeit mit den Händen greifen, fragen sie gleichwohl nichts danach.«

Das Interessante an beiden Stellen ist, dass Luther sinnlich wahrnehmbare Zeichen gerade nicht als *Zeichen der Zeit* ansieht. Und so wird die Wendung auch heute verwendet – was freilich genau die *Zeichen der Zeit* sind, bleibt in der Regel ungesagt, sodass sie eben durchaus oft nicht wahrgenommen werden.

» Siehe auch *Zeichen und Wunder*

Zeichen und Wunder

»Ja, es geschehen noch Zeichen und Wunder, und eins davon ist dieses herrlich apokalyptische Buch, das 2009 auf einer Auktion in London auftauchte und sogleich wieder in einer Privatsammlung verschwand, aber zum Glück jetzt faksimiliert vorliegt. Es muss um das Jahr 1552 in der Freien Reichsstadt Augsburg entstanden sein, das Werk stammt vermutlich von Heinrich Vogtherr und dem in der Kunstgeschichte gern als talentlos geschmähten Hans Burgkmair dem Jüngeren, jedenfalls schreibt der im Jahresblatt 1529 frech unters Bild: Dass am 14. Januar dieses Jahres in Langweid bei Augsburg ein Kalb mit zwei Köpfen tot geboren worden sei, »vnnd ich hanns burckmair maler hab die haut vmb ein halben gulden kaufft« (Süddeutsche Zeitung, 24.12.2013).

Ein verschollenes Buch, das überraschend wieder auftaucht, in Privathand verschwindet und dann doch zugänglich wird, oder ein Kalb mit zwei Köpfen – das sind der Tat Wunder, und in der Lutherzeit deutete man solche Ungewöhnlichkeiten als Zeichen. Den Ausdruck *Zeichen und Wunder* verwendete Luther in seiner Bibelübersetzung sehr häufig. Die wichtigste Stelle ist aber wohl Johannes 4,48: »Und Jesus sprach zu ihm: Wenn ihr nicht Zeichen und Wunder seht, so glaubet ihr nicht.« Der Ausdruck ist sicherlich nicht vor Luther erfunden worden. Schon im Lateinischen handelte es sich um eine feste Redewendung. Dabei ist der feste Ausdruck durchaus zweigliedrig: Zeichen (*semeia, signata*) meint »Vorzeichen«, Wunder (*terata, prodigia*) unerklärbare Vorkommnisse – aber beides tritt oft zusammen auf, sonst wäre das Zeichen ja keines gewesen.

Der heutige Gebrauch in einer aufgeklärten Gesellschaft ironisiert dies; meistens ist davon die Rede, dass »noch« Zeichen und Wunder geschehen, wenn etwas Unerwartetes oder aufgrund der Erfahrung eigentlich nicht mehr für möglich Gehaltenes doch eintritt, und natürlich wird nicht angenommen, dass dabei göttliche oder übernatürliche Kräfte am Werk waren.

Ziege

»Es war einmal eine alte Geiß, die hatte sieben junge Geißlein, und hatte sie lieb, wie eine Mutter ihre Kinder lieb hat. Eines Tages wollte sie in den Wald gehen und Futter holen, da rief sie alle sieben herbei und sprach: ›Liebe Kinder, ich will hinaus in den Wald, seid auf der Hut vor dem Wolf! Wenn er hereinkommt, frisst er euch alle mit Haut und Haar. Der Bösewicht verstellt sich oft, aber an der rauen Stimme und an seinen schwarzen Füßen werdet ihr ihn schon erkennen.‹ Die Geißlein sagten: ›Liebe Mutter, wir wollen uns schon in Acht nehmen, du kannst ohne Sorge fortgehen.‹ Da meckerte die Alte und machte sich getrost auf den Weg.« Das haben die meisten von uns als Kind einmal gehört, und auch wenn jemand aus Norddeutschland stammt, würde er verwirrt reagieren, wenn man ihm das Märchen aus der Sammlung der Brüder Grimm unter dem Titel »Von der Ziege und den sieben Zicklein« präsentierte.

Luther benutzte in seiner Bibelübersetzung stets das niederdeutsch-mitteldeutsche *Ziege*, das im Oberdeutschen damals unbekannt war. In den erklärenden Glossaren der Basler Buchdrucker Petri und Wolf wird das den Zeitgenossen deshalb eigens erklärt: »Zige = geyß«; »Zygenfell = geyßfell, kitzenfell« (mit Verweis auf Hebräer 11,27). Der luthersche Sprachgebrauch setzte sich mit der Zeit schriftsprachlich durch, aber nicht im mündlichen Gebrauch und nicht in dem Märchentext.

Ziege bzw. *Geiß* bezeichnet stets das weibliche Tier, das männliche heißt *Bock*. Daneben gibt es die *Zicke* (junge Ziege) und das *Zicklein/Geißlein*. Wie viele Tiernamen werden auch *Ziege* und *Bock* als Schimpfwort benutzt (*sturer Bock/blöde Ziege*), neuerdings vor allem auch *Zicke* als Schimpfwort für weibliche Personen. Es ist jedoch nicht ganz klar, inwieweit die Wendung *Zicken machen*, die seit dem frühen 20. Jahrhundert belegt ist, und das Verb *(herum-)zicken* mit *Ziege/Zicke* zusammenhängen.

seine Zunge im Zaum halten

Das kennen Sie aus eigener Erfahrung: Es müsste eigentlich noch etwas gesagt werden, unbedingt, aber aus welchen Gründen auch immer wäre das jetzt ein Fehler. Sie halten Ihre Zunge im Zaum – und in anderen Situationen wünschen Sie sich sehnlich, Ihr Gegenüber würde seine Zunge besser im Zaum halten. Dabei sind weder Sie noch Ihr Gesprächspartner Reiter oder Landwirt.

Die Redewendung *seine Zunge im Zaum halten* ist der meisten Menschen geläufig, auch wenn sie keine Tiere am Zaum führen oder halten müssen. Als Zaum bezeichnet man die aus dem Riemenwerk für den Kopf und der Trense bestehende Vorrichtung zum Führen und Lenken von Reit- oder Zugtieren, besonders von Pferden. Die übertragene Bedeutung von *sich im Zaum halten* ist unmittelbar verständlich: sich kontrollieren, sich zügeln – wieder eine Metapher aus der Tierhaltung! Dass *Zunge* als Metapher für *Sprache* benutzt wird, ist auch in vielen anderen Redensarten bekannt, sogar in anderen Sprachen: *es liegt mir auf der Zunge* (so auch im Englischen und Französischen), *hüte deine Zunge* mit der gleichen Bedeutung wie die hier besprochene; *soweit die deutsche Zunge klingt* (= Sprache) usw.

Die Formulierung, dass man speziell auch seine Zunge im Zaum halten solle, benutzte Luther im Jakobusbrief 1,26: »Wenn jemand meint, er diene Gott, und hält seine Zunge nicht im Zaum, sondern betrügt sein Herz, so ist sein Gottesdienst nichtig.« Zwei Kapitel später wird die Idee erneut aufgegriffen: »Denn wir fehlen alle mannigfaltig. Wer aber auch in keinem Wort fehlt, der ist ein vollkommener Mann und kann auch den ganzen Leib im Zaum halten. Siehe, die Pferde halten wir in Zäumen, daß sie uns gehorchen, und wir lenken ihren ganzen Leib. ... Also ist auch die Zunge ein kleines Glied und richtet große Dinge an. Siehe, ein kleines Feuer, welch einen Wald zündet's an!« (Jakobus 3, 2–6). Dies ist nicht die einzige Stelle, an der die Bibel mahnt, sich vor unbedachtem Reden vorzusehen. Warnungen vor dem Unheil, das man allein mit Worten anrichten kann, finden sich unter anderem in den Sprüchen Salomos 16,27 oder Matthäus 12,36. In diesen Fällen übersetzte Luther aber wörtlich, d.h., ohne die Redewendung *seine Zunge im Zaum halten* zu benutzen.

Hinweise zum Wörterteil

Zahlreiche Wörter und Redewendungen des Deutschen beziehen sich auf die Bibel. Aber keineswegs alle sind sprachlich mit Luther in Verbindung zu bringen. Das Wort *Sündenbock* etwa kommt bei ihm nirgends vor. Ähnlich verhält es sich mit vielen anderen Wörtern und Redensarten, die Luther zugeschrieben werden.

Die Artikel zu Wörtern und Redewendungen behandeln fast nur Ausdrücke, die von Luther in seiner Bibelübersetzung oder im Zusammenhang damit wörtlich gebraucht wurden. In einigen wenigen Artikeln wird ausführlich dargestellt, dass entgegen der allgemeinen Meinung das Wort als solches von Luther nicht verwendet wurde.

Sprachgeschichtliche Informationen zu einzelnen Wörtern finden sich in den im Literaturverzeichnis aufgeführten Wörterbüchern; sie wurden für alle Wörter und Redewendungen gründlich überprüft. Angaben über die heutige Gebrauchshäufigkeit von Wörtern und Redewendungen basieren auf dem »Deutschen Referenzkorpus Deko 15-11« des Instituts für Deutsche Sprache in Mannheim, das mit dem elektronischen Recherchesystem COSMAS II öffentlich zugänglich ist. Zitate aus Zeitungen und Büchern sind größtenteils diesem Korpus entnommen.

Bibelstellen werden nach der Ausgabe des Luthertextes von 1912 zitiert und mit den üblichen Buch-, Kapitel- und Verszahlen nachgewiesen. Diese Ausgabe wurde gewählt, weil sie in Wortwahl und Satzbau mit dem Luthertext von 1545 (Bibelausgabe letzter Hand) weitgehend identisch ist. Wo die Ausgabe von 1545 oder die Bibelrevision von 2017 im Hinblick auf das besprochene Wort vom Text 1912 abweicht, wird dies kommentiert. Weiterhin werden an geeigneter Stelle im Literaturverzeichnis genannte andere Bibelausgaben zum Vergleich herangezogen.

Anhang

1. BIBELAUSGABEN

a. *Luthers Übersetzung*

1522. *Das newe Testament Deutzsch*, Wittenberg: Melchior Lotter.

1545. *Biblia; das ist: Die gantze heilige Schrift auffs new zugericht. D. Mart. Luth.*, Wittenberg: Hans Lufft.

1912. *Die Bibel oder die ganze Heilige Schrift des Alten und Neuen Testaments. Durchgesehen nach dem vom Deutschen Evangelischen Kirchenausschuß genehmigten Text*, Berlin: Preußische Bibelanstalt.

1975. *Die Bibel oder die ganze Heilige Schrift des Alten und Neuen Testaments nach der Übersetzung Martin Luthers. Revidierter Text*, Stuttgart: Deutsche Bibelstiftung.

1984. *Die Bibel nach der Übersetzung Martin Luthers. Bibeltext in der revidierten Fassung von 1984*, Stuttgart: Deutsche Bibelgesellschaft.

2016. *Die Bibel nach Martin Luthers Übersetzung. Revidiert 2017*, Stuttgart: Deutsche Bibelgesellschaft.

b. *Andere frühe deutsche Übersetzungen*

Dietenberger, Johan (1550): *Bibel, Das ist, Alle Bücher Alts und News Testaments, nach Alter in Christlicher Kyrchen gehabter Translation, mit Auslegung ettlicher dunckeler ort, uñ besserung vieler verruckter wort und spruche, so bisher in andern vorhin ausgangen Teutschen Bibeln gespurt und gesehen, Durch ... Johan Dietenberger, ... zum andern mall corrigiert und gebessert ... und nun zum dritten mall ... ausgeben. Mit Biblischen ... Concordantzen von newem überaus reichlich gemehret*, Köln: Quentel, Johann.

Eck, Johannes (1537): *Bibel Alt vnd new Testament, nach dem Text in der hailigen Kirchen gebraucht durch Doctor Johañ Ecken ... auff hochteutsch verdolmetscht*, Ingolstadt: Krapff, Georg.

Emser, Hieronymus (1527): *Das naw testament nach lawt der Christlichen kirchen bewerten text / corrigirt / und widerumb zurecht gebracht*, Dresden.

Mentelin, Johannes (1466): *Biblia*, Straßburg.

c. *Neuere deutsche Übersetzungen*

Dreyer, Martin (2004): *Die Volxbibel 2.0. Neues Testament frei übersetzt von Martin Dreyer*, Köln: Volxbibel-Verlag.

Einheitsübersetzung (1979), Stuttgart: Katholisches Bibelwerk.

Elberfelder Bibel (2006), Wuppertal / Dillenburg: R. Brockhaus / Christliche Verlagsgesellschaft.

Gute Nachricht Bibel (1997), Stuttgart: Deutsche Bibelgesellschaft.

Menge, Hermann (1994): *Die Heilige Schrift. Übersetzt von Hermann Menge*, Stuttgart: Deutsche Bibelgesellschaft.

Schlachter, Eugen (2000): *Die Bibel, übersetzt von Franz Eugen Schlachter nach dem hebräischen und griechischen Grundtext*, Genf/Bielefeld: Genfer Bibelgesellschaft / Christliche Literatur-Verbreitung

Zink, Jörg (2012): Die Bibel. *Neu in Sprache gefasst von Jörg Zink*, Freiburg: Herder.

Zürcher Bibel (2007), Zürich: TVZ Verlag.

d. *Die Bibel in anderen Sprachen*

Das Neue Testament (2011): *Das Neue Testament viersprachig*. Herausgegeben von Peter und Gerd Haffmanns, Frankfurt: Haffmanns bei Zweitausendeins. Nachdruck der Erstausgabe von 1858.

King James Bibel (2007): *Holy Bible. King James Version*, Stuttgart: Deutsche Bibelgesellschaft.

Septuaginta (2007): *Septuaginta, Id est Vetus Testamentum graece iuxta LXX interpretes.*
Herausgegeben von Alfred Rahlfs, Stuttgart: Deutsche Bibelgesellschaft.
Vulgata (2007): *Biblia Sacra. Iuxta Vulgatam Versionem.* Herausgegeben von Robert Weber,
Stuttgart: Deutsche Bibelgesellschaft

2. ZITIERTE SCHRIFTEN VON UND ÜBER LUTHER

a. *Luthers Schriften*

Sofern nicht anders angegeben, wurden alle Zitate aus Schriften von Martin Luther der
elfbändigen Ausgabe von Kurt Aland entnommen:
Aland, Kurt (Hrsg.) (1991): *Luther Deutsch. Die Werke Martin Luthers in neuer Auswahl für die
Gegenwart,* Göttingen: Vandenhoeck & Ruprecht.
Werke aus dieser Sammlung sind gekennzeichnet mit dem Kürzel KA. Alle anderen Werke
werden mit dem Kürzel WA für die Luther-Gesamtausgabe gekennzeichnet:
Luther, Martin (1883–2009): *D. Martin Luthers Werke.* 120 Bände. Weimarer Ausgabe.
Luthers Kirchenlieder werden zitiert nach Otto Schließke: *Handbuch der Lutherlieder,*
Göttingen 1948. Alle Lieder finden sich auch in WA 35.
Luthers Sprichwörtersammlung. Nach seiner Handschrift zum ersten Male herausgegeben
und mit Anmerkungen versehen von Ernst Thiele, Prediger n Magdeburg. Weimar 1900.

1517. *Disputatio pro declaratione virtutis indulgentiarum.* (WA 1)
1518. *Der Erste Theil der Bücher vber etliche Epistel der Aposteln.* (WA 2)
1518. *Sermon von der zweifachen Gerechtigkeit.* (KA)
1520. *Von der babylonischen Gefangenschaft der Kirche.* (KA)
1520. *An den christlichen Adel deutscher Nation von des christlichen Standes Besserung.*
(KA)
1520. *Von der Freiheit eines Christenmenschen.* (KA)
1522. *Predigt zum Sonntag Invocavit.* (KA)
1524. *An die Ratsherren aller Städte deutschen Landes, daß sie christliche Schulen aufrichten
und halten sollen.* (KA)
1525. *Ermahnung zum Frieden auf die 12 Artikel der Bauernschaft.* (KA)
1525. *Vom unfreien Willen.* (KA)
1528. *Vom Abendmahl Christi.* (WA 26)
1529. *Der Kleine Katechismus.* (KA)
1929. *Der Große Katechismus.* (KA)
1530. *Ein Sendbrief vom Dolmetschen.* (KA)
1530. *Zuschrift zum 117. Psalm* (WA 31,1)
1532. *Wochenpredigten über Matthäus 5–7.* (WA 32)
1533. *Summarien über die Psalmen und Ursachen des Dolmetschens.* (KA)
1541. *Wider Hans Worst.* (KA)

b. *Zeitgenössische Schriften über Luther*

Cochläus, Johannes: *Kommentare zu den Taten und Schriften des Sachsen Martin Luther,*
1549.
Mathesius, Johann: *Historien / Von des Ehrwirdigen in Gott Seligen thewren Manns Gottes /
Doctoris Martini Luthers / anfang / lehr / leben vnd sterben / Alles ordendlich der Jarzal
nach / wie sich alle sachen zu jeder zeyt haben zugetragen / Durch den Alten Herrn M.
Mathesium gestelt / vnd alles für [vor] seinem seligen Ende verfertigt,* Nürnberg, 1566.
Witzel, Georg: *Von der newen Dolmetschung der Biblien,* 1533.

3. WISSENSCHAFTLICHE LITERATUR (IN AUSWAHL)

Arndt, Erwin / Brandt, Gisela (1983): *Luther und die deutsche Sprache: wie redet d. Deutsche man jnn solchem fall?*, Leipzig.

Besch, Werner (1999): *Die Rolle Luthers in der deutschen Sprachgeschichte*. Schriften der Philosophisch-historischen Klasse der Heidelberger Akademie der Wissenschaften, Band 12, Heidelberg.

Besch, Werner (2014): *Luther und die deutsche Sprache*, Berlin.

Beutel, Albrecht (Hrsg.) (2010): *Luther Handbuch*, 2. Auflage, Stuttgart.

Brecht, Martin (1981–1990): *Martin Luther*. 3 Bände. Stuttgart.

Diewald, Hellmut (1982): *Luther. Eine Biographie*, Bergisch-Gladbach.

Erben, Johannes (1974): *Luther und die neuhochdeutsche Schriftsprache*. In: Friedrich Maurer & Heinz Rupp (Hrsg.), Deutsche Wortgeschichte, 3. Auflage, Berlin / New York.

Krauß, Jutta (Hrsg.) (2009): *Dies Buch in aller Zungen, Hand und Herzen. 475 Jahre Lutherbibel*, Regensburg.

Krauß, Jutta (Hrsg.) (2016): *Luther und die deutsche Sprache. Vom Bibelwort zur inszenierten Memoria auf der Wartburg*, Regensburg.

von Polenz, Peter (1991): *Deutsche Sprachgeschichte vom Spätmittelalter bis zur Gegenwart*, Band 1, Berlin.

Roper. Lyndal (2016): *Der Mensch Martin Luther. Eine Biographie*, Frankfurt.

Schirokauer, Arno (1958): *Frühneuhochdeutsch*. In: W. Stammler (Hrsg.), Deutsche Philologie im Aufriss, Band 1. Berlin.

Stolze, Radegundis (1997): *Übersetzungstheorien – eine Einführung*, Tübingen.

Wolf, Herbert (1980): *Martin Luther. Eine Einführung in germanistische Lutherstudien*, Stuttgart.

4. WÖRTERBÜCHER

Johann Christoph Adelung (1773–1801): *Grammatisch-kritisches Wörterbuch der Hochdeutschen Mundart mit beständiger Vergleichung der übrigen Mundarten, besonders aber der oberdeutschen*, Zweyte, vermehrte und verbesserte Ausgabe. Leipzig.

Büchmann, Georg (2007): *Der neue Büchmann – Geflügelte Worte: Der klassische Zitatenschatz*, 43., neu bearbeitete und aktualisierte Ausgabe, Berlin.

Duden (2013): *Das Herkunftswörterbuch. Etymologie der deutschen Sprache*, 5. Auflage, Berlin.

Grimm, Jakob und Wilhelm (1854–1961): *Deutsches Wörterbuch* (32 Bände), Leipzig.

Kluge, Friedrich (2011): *Etymologisches Wörterbuch der deutschen Sprache*, 25. Auflage, bearbeitet von Elmar Seebold, Berlin.

Paul, Hermann (2002): *Deutsches Wörterbuch*, 10. Auflage, bearbeitet von Helmut Henne, Heidrun Kämper und Georg Objartel, Tübingen.

Das Wörterbuch von Adelung und das Deutsche Wörterbuch der Gebrüder Grimm können über die Adresse http://woerterbuchnetz.de/ online nachgeschlagen werden.

Angaben über die heutige Gebrauchshäufigkeit von Wörtern und Redewendungen basieren auf dem *Deutschen Referenzkorpus Deko 15-11* des Instituts für Deutsche Sprache in Mannheim, das mit dem elektronischen Recherchesystem COSMAS II öffentlich zugänglich ist. (https://cosmas2.ids-mannheim.de/cosmas2-web/)

NACHWEISE DER ZITATE

Albrecht, Karina: *Die den Wind säen*, 2010.

Annolied, zwischen 1077 und 1081.

Biermann, Wolf: *Mit Marx- und Engelszungen*, 1968.

Brecht, Bertolt / Weill, Kurt: *Die Dreigroschenoper*, 1928

Buddha, Gautama: *Reden des Buddha*, übertragen aus dem Palikanon von Ilse-Lore Gunsser, 1996.

Dodd, Martha: *Sowing the wind*, 1945; dt. *Die den Wind säen*, 1947.

Dohm, Hedwig: *Die wissenschaftliche Emancipation der Frau*, 1874.

Eichendorff, Joseph von: *Ahnung und Gegenwart*, 1812.

Eike von Repgow: *Sachsenspiegel*, zwischen 1220 und 1235.

Fontane, Theodor: *Wanderungen durch die Mark Brandenburg – Die Grafschaft Ruppin*, 1859–61.

Gellert, Christian Fürchtegott: *Geistliche Oden und Lieder*, 1757.

Goethe, Johann Wolfgang: *Gedichte. Ausgabe letzter Hand*, 1827.

Goethe, Johann Wolfgang: *Legende vom Hufeisen*, 1798.

Goethe, Johann Wolfgang: *Maximen und Reflexionen*, 1833 posthum.

Goethe, Johann Wolfgang: *Wilhelm Meisters Lehrjahre*, 1795–96.

Goethe, Johann Wolfgang: *Wilhelm Meisters Wanderjahre oder die Entsagenden*, 1829.

Grimm, Brüder: *Kinder- und Hausmärchen*, 1319.

Grimm, Jakob: *Vorrede zur deutschen Grammatik*, 1822

Hartmann von Aue: *Der arme Heinrich*, um 1200.

Hašek, Jaroslav: *Die Abenteuer des braven Soldaten Schwejk im Weltkrieg*, 1921–23.

Heliand, 9. Jh.

Herder, Johann Gottfried: *Fragmente. Von der neuern römischen Literatur*, 1767.

Historia von D. Johann Fausten, 1588.

Hoffmann, Heinrich: *Der Struwwelpeter oder lustige Geschichten und drollige Bilder*, 1824.

Isokrates: *Rede des Nikokles an die Zyprioten*. Zitiert nach: Brodersen, Kai (Hrsg.): *Isokrates. Sämtliche Werke. Band I. Reden I–VIII*.

Jens, Walter: *Mord an Luther*, in: Die ZEIT, 17.12.1976.

Kant, Immanuel: Ausgabe der Preußischen Akademie der Wissenschaften, Berlin 1900 ff., AA V, 30 / KpV, A 54 (§ 7 *Grundgesetz der reinen praktischen Vernunft*).

Käßmann, Margot/Wecker, Konstantin Wecker (Hrsg.): *Entrüstet euch!: Warum Pazifismus für uns das Gebot der Stunde bleibt. Texte zum Frieden*, 2014

Kluge, Friedrich: *Von Luther bis Lessing*, 1913.

Konfuzius: *Gespräche (Lun-yu)*, übers. u. Hrsg. v. Ralf Moritz, 1998.

Koran. Übersetzung von Adel Theodor Khoury. Unter Mitwirkung von Muhammad Salim Abdullah, 2., durchgesehene Auflage, Gütersloh 1992.

Maffay, Peter: *Auf Sand gebaut*. Titel Nr. 9 des Albums *Sonne in der Nacht*, 1985.

Mann, Thomas: *Die drei Gewaltigen*, 1949

Müntzer, Thomas: *Hochverursachte Schutzrede und Antwort wider das geistlose, sanftleben-de Fleisch zu Wittenberg, welches mit verkehrter Weise durch den Diebstahl der Heiligen Schrift die erbärmliche Christenheit also ganz jämmerlichen besudelt hat*, 1524.

Neumark, Georg: *Wer nur den lieben Gott lässt walten*. Erstdruck in *Fortgepflantzer musikalisch-poetischer Lustwald*, 1657.

Nibelungenlied, Das, zwischen 1190 und 1210.

Nietzsche, Friedrich: *Jenseits von Gut und Böse. Vorspiel einer Philosophie der Zukunft*, 1886

Otfried von Weißenburg: *Liber Evangeliorum*, 9. Jh.

Raabe, Wilhelm: *Abu Telfan*, 1865/67.

Schiller, Friedrich: *Die Verschwörung des Fiesco zu Genua*, 1783.

Schiller, Friedrich: *Maria Stuart*, 1800.

Schiller, Friedrich: *Wallensteins Tod*, 1799.

Schiller, Friedrich: *Wilhelm Tell*, 1804.

Schröter, Jens / Bethge, Hans-Gebhard: *Das Evangelium nach Thomas* (NHC II,2). In: Hans-Martin Schenke u. a. (Hrsg.): *Nag Hammadi deutsch*. Band 1, 3. Auflage, 2013.

Seume, Johann Gottfried: *Mein Sommer*, 1806.

Sixtus, Albertus: *Die Häschenschule*, 1924.

Spener, Philipp Jacob: *Pia desideria oder herzliches Verlangen nach gottgefälliger Besserung der wahren Evangelischen Kirche*, 1675.

Stricker, Der: *Karl der Große*, zwischen 1220 und 1250.

Villon, François: *Die lasterhaften Balladen und Lieder des François Villon*. Nachdichtung von Paul Zech, 1931.

Williamson, Marianne: *A Return to Love: Reflections on the Principles of A Course in Miracles*, 1992; dt. *Rückkehr zur Liebe: Harmonie, Lebenssinn und Glück durch »Ein Kurs in Wundern«*.

BILDNACHWEIS

Umschlag und S. 2/3 Martin Luther als Junker Jörg, Holzschnitt von Lucas Cranach d. Ä., 1522. © fotolia

S. 24 »Luther beginnt auf der Wartburg die Bibelübersetzung«, Radierung von Gustav König, 1847. © picture alliance/akg

S. 44 Luthers Handexemplar der Vulgata, Lyon (Simon Vincent) 1519, mit handschriftlichen Randglossen Luthers, entstanden 1521–23 auf der Wartburg © picure alliance/akg

Vor- und Nachsatz: Nachempfunden der ersten vollständigen Bibelübersetzung von Martin Luther 1534, gedruckt von Hans Lufft in Wittenberg (1. Mose 36)